中国西部
资源型企业技术创新能力
提升研究

普川 著

INNOVATION

经济管理出版社
ECONOMY & MANAGEMENT PUBLISHING HOUSE

图书在版编目（CIP）数据

中国西部资源型企业技术创新能力提升研究/普川著 . —北京：经济管理出版社，2022. 10
ISBN 978-7-5096-8793-2

Ⅰ. ①中… Ⅱ. ①普… Ⅲ. ①企业创新—研究—西北地区 ②企业创新—研究—西南地区
Ⅳ. ①F279. 23

中国版本图书馆 CIP 数据核字（2022）第 195384 号

组稿编辑：陆雅丽
责任编辑：杜　菲
责任印制：黄章平
责任校对：张晓燕

出版发行：经济管理出版社
　　　　　（北京市海淀区北蜂窝 8 号中雅大厦 A 座 11 层　100038）
网　　址：www. E-mp. com. cn
电　　话：（010）51915602
印　　刷：唐山玺诚印务有限公司
经　　销：新华书店
开　　本：720mm×1000mm/16
印　　张：10
字　　数：163 千字
版　　次：2022 年 11 月第 1 版　　2022 年 11 月第 1 次印刷
书　　号：ISBN 978-7-5096-8793-2
定　　价：78.00 元

前　言

　　创新是当今时代的主题，中国正在积极推进以科技创新为核心的全面创新，实施创新驱动发展战略。企业是科技创新的主体，不仅是创新技术成果的使用者，也是技术创新活动的推进者。企业创新，制度先行。制度创新对技术创新有着正向提升作用，而技术创新需要制度创新来支持。当前中国西部的资源型企业在发展中面临各种困境，需要制度和技术创新来推动其走出困境。

　　本书首先利用文献回顾及探索性因子分析法，从企业内部制度安排和企业外部制度环境两个层面六个维度，梳理出中国西部资源型企业的制度结构；其次从技术创新理论出发，结合中国西部资源型企业特点，从技术绩效、人才与管理绩效、资本绩效三个维度对其企业技术创新能力进行了研究，在前人研究的基础上，构建了相关评价指标体系；再次提出中国西部资源型企业的制度结构与企业技术创新能力各维度间的相关假设，并建立了制度结构对企业技术创新能力提升的影响理论模型；又次设计调查问卷，对中国西部相关资源型企业进行了问卷调查，利用回收到的 327 份有效问卷，采用结构方程分析的方法进行实证研究，对所提出的研究假设进行验证，并修正了本书所建立的理论模型；最后得出本书的研究结论。

　　通过本书的研究，探明了制度结构对企业技术创新能力产生影响的关键因素，探索了企业内部制度安排与企业外部制度环境如何影响企业的技术创新能力，验证了创新意愿在其间发挥的中介效应，从而进一步发现西部资源型企业制度创新和技术创新的特征及变化规律。本书能够为在供给侧结构性改革背景下的中国西部资源型企业的创新发展提供指导，为政府制定政策提供依据。

目　录

第一章 绪论

一、研究背景

（一）创新是发展的动力源，但我国企业技术创新的成果整体并不理想

中国政府把创新作为发展全局的核心，推进以科技创新为核心的全面创新，高度重视科技创新，实施创新驱动发展战略，提出一系列新思想、新论断、新要求。将"创新、协调、绿色、开放、共享"的发展理念列为"十三五"时期的核心指导思想，其中，创新居首位。

当前，企业已经成为科技创新的最主要力量，它们不仅在生产经营过程中使用技术创新的成果，还通过创新红利的驱动推进技术创新活动。企业的技术创新能力几何，成为影响企业发展的决定性因素。此外，企业创新能力的高低也会影响一个地区乃至国家的经济发展，特别是支柱企业的科技创新程度在国家科技创新战略中是关键的关键。

20 世纪末以来，我国企业技术创新的主动性和积极性不断增强，投入越来越多。2016 年，企业的 R&D 经费占全国的 78%，在企业的 R&D 人员占全国的 79%，92.87%的发明专利权申请由企业（或企业协同个人）提出，企业成为我国 R&D 活动的主体（见图 1.1）。

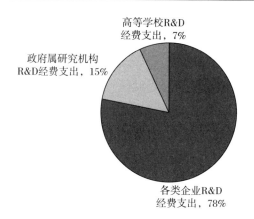

图 1.1 2016 年全国 R&D 经费投入来源占比

资料来源：中国国家统计局数据查询系统。

应当指出，虽然我国经济有了长足的发展，经济规模已跃居世界第二，但我国在技术创新方面的成果却并不理想。中国工业技术进步对经济贡献率仅为 43%，而国外在这方面的贡献率不低于 65%。究其根本原因，是我国工业整体的研发及创新力度不够。

（二）制度重于技术，制度创新对技术创新有着正向提升作用

天下纷扰，必合于律吕。吴敬琏（1999）曾强调，制度安排的作用重于技术演进自身，最近几十年，我国把主要精力放到制订科研计划、投入人力财力物力开发新技术和组织新产品试制上，而忽视了建立有利于发挥人力资本、有利于创新的制度建设。当企业出现科研成果转换慢、缺乏创新积极性等老大难问题时，不去着眼解决体制和政策问题，而是通过提高创新意识等办法去干预技术的开发，结果一直劳而无功。向刚（2006）指出，从企业持续性技术创新视角来看，在企业逐鹿市场的竞争性环境中，能否建立符合国情的企业家产权激励制度，已成为决定这些企业能否把已有的创新行为延续下去的最重要制度设计问题，也是中国企业改革发展能否取得新的更大成功的关键因素之一。

制度带有根本性、全局性、稳定性和长期性。虽然很多领域的变革大多由技术的突破带动，但若没有制度的革故鼎新，技术点燃的变革火花只能是昙花一现，无法深入到经济社会组织的整个肌体中去。因此，必须以制度创新为根本，技术创新的成果才能巩固。

（三）技术创新需要制度创新来支持，制度创新通过技术创新来带动

无论是技术创新还是制度创新，都可以将其看成是两种方式的演进：一是先有一个大的变化（重大技术发明突现或者重大制度改革和建立），然后由一系列小的变化修正和改进；二是由一系列小的变化逐步累积（技术的渐进式创新或者制度健全完善）最终发生某种质的变化，最后的变化结果与最初的形态已经大不相同。技术和制度是有周期的，工业化的不同阶段有不同的优势技术和主流的制度，无论它们按哪种方式演进（在大多数情况下，区分这两种演进方式是十分困难的），技术创新和制度创新不是简单的因果和线性关系。只有制度创新与技术创新相互匹配，才能实现技术的可持续发展和经济的可持续增长。技术创新和制度创新对于资源型企业持续成长是不可或缺的。就当前企业技术创新的状况而言，主要有两种情况：一是不考虑自身的制度，只谈技术创新；二是只强调制度的创新而不考虑企业自身的技术能力。这两种情况的后果是相同的，那就是企业得不到合理且持续的成长。因此，企业技术创新能力的提升，必须和制度创新结合起来，找到最佳的契合点，让两者相互协同、相互促进，从而取得"1+1>2"的效果。所以，基于制度结构来研究资源型企业创新能力具有重要价值和意义。

（四）资源型企业在发展中面临各种困境，需要技术及制度创新的推动

通常意义上的资源型企业，主要以开发矿产资源为主，是为社会提供矿产品以及初级产品的企业，多分布在钢铁、石油、煤炭等行业。一方面，这些企业对自然资源依赖性非常强，对生态环境影响较大；另一方面，在拉动当地经济发展、增强地区实力、提高人均收入、增加当地就业等方面做出了突出的贡献。

随着我国可开采的资源逐渐枯竭及需求层次的变化，许多资源型企业必须进行转型，通过技术和制度的创新来实现企业的发展。由于我国矿产资源的分布主要集中在中西部地区，因此我国的资源型企业大多分布在该区域。这是因为我国产业发展早期偏重于重工业型的长线投资，由于当时考虑靠近资源产地可以降低交通成本，才造成了这一产业布局。这些资源型企业大部分为国有大中型企业，

经营期大多在 40 年以上。这类企业因其对自然资源的过度依赖，极易受到资源状况的牵制，自身缺乏相应的技术创新能力，且制度结构相关绩效缺失，更谈不上制度创新。没有技术和制度结构的鼎新，其核心竞争力就严重退化，生存大多面临困难。在当今时代，一方面，企业面临着可开采资源逐渐枯竭、自然环境遭到破坏与污染、国内外竞争日益加剧、资源过度开采与浪费等外部问题；另一方面，企业责任主体缺失、产权不明晰、企业管理制度落后、观念陈旧、核心竞争力不足等问题导致许多资源型企业面临更为严重的资源及管理窘境，导致这类企业提高技术水平、开展产品创新、拓展市场份额等行为减少，最终影响企业的经济效益。

二、研究目标和具体研究问题

本书研究制度结构与企业技术创新能力提升的关系，解构制度结构促进西部资源型企业技术创新能力提升从而提高企业绩效的途径。

（一）研究目标

1. 理论目标

以西部资源型企业为研究对象，以制度结构的相关理论为基础，进行资源型企业技术创新能力的绩效识别，构建指标体系，并依靠指标体系来寻求自变量及因变量，从而构建制度结构促进西部资源型企业技术创新能力提升的理论模型。

2. 实践目标

通过对理论模型进行实证分析和验证，找出制度结构影响企业技术创新能力提升的关键因素，进一步发现西部资源型企业制度创新和技术创新的特征及变化的规律，为新常态下资源型企业的创新发展提供指导，为政府制定政策提供依据。

(二) 研究的具体问题

围绕本书的研究目标，研究的具体问题如下：

通过文献回顾、问卷调查等方式研究影响企业技术创新能力提升的制度结构包含什么，资源型企业的技术创新能力的构成，哪些因素会对企业技术创新能力的提升造成影响。

通过文献回顾的方式研究制度结构的定义、构成绩效及类型，研究资源型企业技术创新能力具有哪些绩效。

通过探索影响资源型企业技术创新能力提升的因素，探索制度作用于企业技术创新能力变化的内在机理和一般规律，从而构建指标体系，寻求制度结构视域下资源型企业技术创新能力提升的自变量及因变量，提出相关假设，构建相关模型。

通过问卷调查的方式获取相关数据，通过计算、分析、验证理论模型各变量间的逻辑关系矫正管理模式影响的基本模型。

通过对理论模型的实证研究发现制度作用于资源型企业技术创新能力提升的特征及变化的规律。

通过理论模型的构建及实证研究得出制度结构是否会对资源型企业技术创新能力提升产生影响以及如何影响的结论，从而研究如何运用制度手段促进资源型企业提升技术创新能力，以及政府如何制定相关政策。

三、研究范围

(一) 研究对象的选择范围

本书研究对象界定为西部资源型企业（具体样本对象甄选方法见第五章）。

（二）制度结构研究范围

本书只研究哪些制度绩效会对资源型企业技术创新能力提升造成影响及如何影响。

（三）企业技术创新能力研究范围

通过文献回顾，总结归纳资源型企业技术创新能力的构成绩效，建构和测量能力提升指标。以制度结构对资源型企业技术创新能力提升所产生的影响为分析基础，结合资源型企业的特点，研究制度结构对资源型企业技术创新能力提升影响最明显的模式，而不是要构建一种全新的制度结构或者是新的资源型企业模式。

（四）理论研究范围

从理论上探索制度结构对西部资源型企业技术创新能力提升的作用和影响因素，找到变化的内在机理和一般规律，构建理论模型。

（五）实践研究范围

通过对理论模型进行实证分析，为西部资源型企业提升技术创新能力提供指导，为政府制定政策提供依据。

四、研究的创新之处及意义

（一）研究的创新点

在理论研究方面，已有文献侧重研究契约制度、产权制度对企业创新能力提升的影响，本书侧重研究整体制度结构对西部资源型企业技术创新能力提升的影响，尝试从整个制度体系层面来研究制度对企业技术创新能力的影响效应。

已有文献大多聚焦研究制度对企业效益提升的影响，而对于制度因素影响企业技术创新能力提升，特别是西部资源型企业的技术创新能力提升的内在机理分析得不够深、不够透彻，本书致力于贯通制度创新、制度质量与企业技术创新能力提升之间的内在关联，尝试比较深入系统地探索制度质量、制度创新对西部资源型企业的技术创新能力提升的内在影响机理与作用路径，并试图进行严谨的调研论证。

　　在实证研究方面，以往对西部资源型企业的研究样本较为片面，本书拟采用A股上市公司中的所有西部资源型企业为样本对象，在此基础上，对各层级制度结构影响西部资源型企业的技术创新能力提升的效应差异进行实证检验，对制度结构的西部资源型企业的技术创新能力提升的各因素影响效应之间的差异进行实证辨析，相比较而言，较为客观、科学、全面。

　　本书的主要创新点包括：①提出了系统分析制度结构影响西部资源型企业的技术创新能力提升的理论模型框架；②构建了制度结构和西部资源型企业技术创新能力综合评价指标体系；③系统分析了多层级制度体系对西部资源型企业的技术创新能力提升的影响。

（二）研究的意义

　　技术创新的最终绩效体现为用更新更好的技术取代旧的技术，以节约生产绩效——劳动力、资本和原材料，也就是降低成本、增加利润，保持经济的合理增长。制度创新的最终绩效同样如此。现在中国正处于经济发展的转型升级阶段，实质是从制度驱动型发展模式向技术创新和制度创新双重驱动的可持续增长型发展模式转变。因此，本书将在资源型企业双重驱动的可持续增长型发展模式建构上给出指导。①可以为政府部门研究新的资源政策和进行新的资源规划提供具有指导性的意见与参考，也可以了解和掌握资源型企业技术创新能力提升的绩效，了解和掌握技术创新能力的绩效结构。②对资源型企业技术创新能力的培养起到指导作用，进而促进西部乃至全国资源型企业技术创新能力得到提升。本书可为企业的经营管理者和政府提供更加重视制度的安排和制度环境建设的借鉴。③从理论模型与实证检验两个视角，为新制度经济学在企业技术创新领域的应用提供新的论证和支持。不仅拓宽了新制度经济学的应用领域，而且也揭示了企业技术创新能力的新动能，弥补传统企业技术创新理论的不足，为中国西部资源型企业的改革发展创新提供新的解释和依据，从而丰富新制度经济学在企业技术创新领域的内涵。

五、本书技术路线

本书的技术路线如图 1.2 所示。

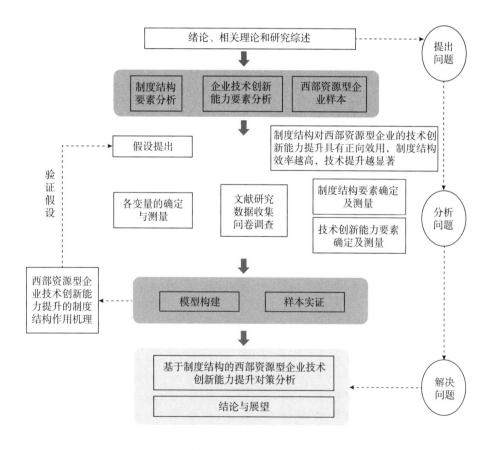

图 1.2　本书的技术路线

第二章 文献综述

一、制度结构理论

制度是规范和约束的规则统称。现实生活中存在大量的制度，这些制度之间互相联系、互相作用、互相配合，形成完整的制度结构。

（一）制度及制度创新

新制度经济学明确了制度约束的对象，既包括个人的行为，也包括组织的行为，其最基本的功能是规范主体行为及其关系。新制度经济学认为，约束人际交往关系的规范性安排是制度的最重要本质。这里指的人际交往关系可以既是个体之间的，也可以是组织与组织、单位与单位之间的，还可以是个人与组织或单位之间的。它是在长期的历史演变过程和社会发展过程中逐渐形成或者约定俗成并被固化下来的一种规则体系。制度之间是有联系的，这种联系相互制约、相互促进，并达到一种均衡状态。制度的创新就是要打破现有的均衡状态，实现突破，达成新的均衡。

但是新旧两派制度经济学家有观点冲突。凡勃伦（1964）认为，制度实质上就是个人或社会对某些关系或某些作用的一般思想习惯，或是流行的精神态度，或是流行的生活理论。康芒斯（1962）把制度理解为彼此有关的和交互的经济关系的业务规则。舒尔茨（1994）将制度界定为一种涉及社会、政治及经济行为的规则。诺思（1994）认为，制度是被制定出来的约束政治、经济和社会关系的一系列规则、守法秩序、行为道德和伦理规范，旨在约束主体福利或效用最大化利益的个人行为。青木昌彦（2001）认为，制度是关于博弈如何进行的共有信念的一个自我维系系统。柯武刚和史漫飞（2000）认为制度是由人们创立出来用以抑制人的机会主义行为的规则。袁庆明（2003）则倾向于把制度理解为约束个人行为的各种规则。相对而言，诺思（1994）将组织行为排斥在制度约束之外，这是值得商榷的。

诺思（1994）强调，制度变迁或创新其实是对规则、准则和实施的全组合所进行的边际调整与优化，且这种调整与优化是渐进式的。进一步讲，它是对人与人、人与组织、组织与组织的责权利进行调整和优化，进而催生一种新的制度结构，进一步健全和完善更为有效的激励、约束和协调机制，以使个体的人或者组织在这种机制的促进下获得机制外无法获取的外加收益，或者说是获得该机制外无法获得的绩效和优势。制度创新的核心内容就是社会、政治、经济、管理等各方面制度的改革与创新，是对支配人们或组织行为及其相互关系的规则变更。它是知识、技术、管理、产品创新的本源，没有制度创新，就没有国家、产业和企业的核心竞争力，就无法形成国家、产业和企业的竞争优势。制度创新就是对现存制度的有效安排与修订，挣脱落后制度、不良制度和无效制度的禁锢或影响，或剥离相对落后的制度、起反作用的制度和有效程度不高的制度，以便改善和提升制度的质量，促进制度的耦合，进而实现组织的行动目标。

（二）制度结构及其基本功能

制度结构是一个复杂的、综合的、系统的概念，每种制度的产生都有其特定的历史背景、适用对象、适用范围以及变迁路径和过程。从制度结构的视域来观察，单一制度之间看起来独立分散，但也能发现它们之间存在着特殊或特定的关系，通过这种关系可以把它们联系成为一个具有内在逻辑的、整体多层次的结构。因此，对制度结构的剖析主要基于制度分析的基本理论。

王涛生（2013）认为，首先，理解制度结构要注意其具有层次性和指向性。由于所约束的行为主体不同，制度结构也会不同。其次，不同制度安排的地位、作用也不尽相同，有些制度处于核心地位，是根本性的；而有些制度则处于辅助地位，不是根本性的。再次，制度结构影响人们或组织的行为选择方式，并决定了行为主体达到预期目标的路径。最后，虽然制度结构相对稳固但却可以调整。可以通过对制度的创新来调整制度结构，进而逐步优化和完善，降低制度的运行成本，提高约束对象的行为效率，增强组织的竞争能力。

高辉（2017）认为，制度具有以下三大基本功能：一是激励功能。它是对主体行为提供利益刺激的集合。其激励又有正向和负向之分，正向激励通过增加预期收益来激发行为主体的活力，提高创造性与积极性，以便更好地实现组织既定目标；负向激励通过减少预期收益来调整行为主体低效率的工作态度，以便引导行为主体向积极方向转化。二是约束功能。它是对主体行为提供限制的集合。任何一种有效制度必定能够提供对主体行为的约束机制，谁也不例外；只要是社会中的一员，就要接受制度的约束，无一例外。三是协调功能。人与人、人与组织、组织与组织之间都是有相对应的职能和工作分工的，在这种分工的过程中，会逐渐形成和固化成一种制度和规范，从而促进个体间的分工协作。制度的协调机制在平衡行为主体之间（包括个人之间、组织之间以及个人与组织之间）的利益关系、缓解行为主体之间的矛盾与冲突、减少摩擦成本和不稳定因素等方面起着重要的作用。

约束功能形成秩序机制，维系行为主体的有序竞争；激励功能形成动力机制，激发行为主体的活力；协调功能形成平衡机制，协调行为主体的利益关系。这些功能相互区别又相互联系、依赖、制约，共同构成制度作用的有机整体。约束功能为激励与协调功能的发挥提供良好秩序，如果秩序混乱或者无秩序，激励与协调机制将不能良好运转或无法运转；激励功能可以增强约束与协调功能动力和效率，无论一个社会还是市场、企业，如果缺乏动力和效率，就毫无竞争力和生存力；协调功能是约束与激励功能发挥的调节器和润滑剂，让约束与激励功能相互平衡，减少冲突和矛盾，达到有机协调。

制度的基本功能决定制度作用的基本方向和路径。在一定条件下，人们可以根据制度的需求不断创新和完善制度安排，也可以根据发展目标来调整制度安排，从而不断完善和优化制度功能。

（三）制度结构理论研究

有关制度结构的构成，不同学者从不同维度进行了研究，总结归纳如下：

1. 从作用范围的研究维度

诺思（1994）把制度结构分为制度环境与制度安排。制度环境是一系列用来建立生产、交换与分配的基本的政治、社会和法律规则。国家的法律、政治方针政策等制度属于制度环境的范畴。制度安排是支配经济单位之间可能合作与竞争方式的一种安排。规范个人、组织等的具体制度属于制度安排的范畴，制度安排是具体化的制度环境。制度环境决定了制度安排及其产生与作用范围，制度安排在实践中会促进制度环境的变化。

2. 从存在形态的研究维度

制度结构是一个社会中正式的和非正式的制度安排的总和。正式制度包括政治规则、经济规则和契约，以及由这一系列规则构成的一种等级结构，从宪法到成文法和不成文法，到特殊的细则，再到个别契约等，是人们有意识建立起来的并以强制力来确保其实施的各种制度安排。非正式制度是那些对人们行为不成文的无形限制，是人们在长期的社会生活中逐步形成的风俗习惯、伦理道德、文化传统、价值观念以及意识形态等对人们行为产生非正式约束的规则。正式与非正式两种形态的制度共同构成了制度结构，两者密不可分，相互补充甚至相互转化。

3. 从产生方式的研究维度

柯武刚和史漫飞（2000）将制度分为内生制度和外生制度。内生制度在横向上运用并影响于平等主体之间，是群体内随着经验演化而生成的规则；外生制度是外在设计的并靠政治行动由顶层管理者强加于社会的规则。按监督遵守方法和惩罚违规方式的差异，内生制度又有非正式和正式之分。非正式内生制度有道德、风俗、习惯等，它们都以非正规的方式发挥作用，不会引发有组织的惩罚，但会受到非正式的监督和批判。虽然正式内生制度由经验产生，但它们是在一个群体内以正式规则的方式发挥作用并被强制执行的。

此外，相关学者也提出了制度结构的其他新观点。例如，宋智勇（2003）认为，制度具有特定的结构和功能，是由若干互相联系的具体制度绩效构成的一个自我维系、动态演化的系统，人、资源和信息构成了制度系统的三个基本单元。贺培育（2004）认为，制度是一个结构系统，包含目标、规则和组织系统三个领域的内容。姚伟（2010）认为，从制度与行动的相互关系、实质与内容相结合的角度来看，制度存在理性与感性制度之分，且在理性制度内部，还存在很多理性程度不同的制度类型；只有这些制度之间形成了合理的关联结构，才能有效实施制度。蒯正明（2010）则将制度结构分为目标价值、规则体系、调整对象和实施保障四个层面。

综上所述，学者们有一个共识，即制度结构是不同制度按照特定的秩序组合在一起的综合体。其组合的方式不具有随意性、随机性，划分角度不同，制度结构的组合方式也会不同，但无论如何组合，各项具体制度均存在于制度结构中。虽然各项制度的作用范围及作用方式存在差异，但制度整体结构功能的发挥需要每一项具体制度与其他制度互相支持和配合。

（四）制度结构的划分

制度结构是一个比较广泛的概念，它具有不同的特征，由此导致在分析制度结构与持续性技术创新关系时有一定的难度。本节根据已有文献对制度结构的类型进行了如下梳理：

1. 按层次性划分

根据企业持续性技术创新的重要程度，可把制度结构分成不同的层次。例如，袁庆明（2003）把根本性制度、重大性制度以及辅助性制度作为技术创新的制度结构。据此，对技术创新活动起决定性作用的制度安排可称为根本性制度，如市场制度、产权制度、专利制度等；对技术创新起重大促进作用的制度安排可称为重大性制度，如企业研发制度、政府宏观管理制度以及风险投资制度等；而辅助性制度则指那些对技术创新的促进作用弱于前两者或者虽然作用较大但以非正式制度形式存在的制度安排，如政府为促进技术创新而出台的其他经济制度如产业政策、价格政策等，以及政治思想文化制度如企业文化、思想意识等。这种分类有一定的合理性，但是制度结构具有革新性，过去对企业持续性技术创新不会产生重大影响的制度在今天可能就成为非常重要的制度，如企业文化、企业家创新精神等这些被界定为辅助性的制度在今天的企业创新实践中却起着至关重要的作用。因而，把制度分为三个层次有一定的缺陷。本书将制度结构按重要程度分为核心的制度层面以及重大性的制度安排，一些辅助性制度结构可划入重大的制度安排范畴。

2. 按规范性划分

一些学者根据制度的规范性做了分类，如张旭昆（2002）把制度分为正式规则、非正式规则和个体规则，正式规则包括法律法令、政策制度以及非政府组织制定的规则和契约，非正式规则包括强制性习俗和非强制性社会规则，而个体规则包括非强制性习俗以及个体规则和个体习惯。林毅夫（1994）把制度分为正式制度与非正式制度。正式制度是指在这种制度安排中规则的变动和修改，需要得到其行为受这一制度安排管束的一群（个）人的准许。非正式制度是指在这种制度安排中规则的变动和修改由个人完成，它用不着也不可能由群体行动完成。因而，正式制度包括经济制度、产权制度、企业家管理制度、研发制度、激励制度、风险投资制度等，而非正式制度包括企业文化、企业家精神等。非正式制度与正式制度一样对企业持续性技术创新的促进起着重要的作用。按照规范性对制度结构进行分类，强调了正式制度与非正式制度对企业持续性技术创新的重要性，但这种划分容易忽视外部的制度环境对企业持续性技术创新的重大促进作用。

3. 按重要性划分

按照重要性划分，制度结构可分为内部制度环境与外部制度安排。Alston（1992）对 Davis 和 North 的观点进行了融合，区分了内部制度环境和外部制度安排，内部制度环境被定义为组织内部一系列用来确立生产、交换与分配的基本的政治、社会与法律规则。外部制度安排是组织之间、支配经济单位之间和经济单位内部可能合作与竞争方式的一种安排。林毅夫和刘培林（2001）对制度安排与制度环境也作了定义，制度安排是管束特定行动模式和关系的一套行为规则，有正式和非正式之分。政府、企业等属于正式制度安排，而意识形态、价值观念等为非正式制度安排。正式制度与非正式制度安排的总和即制度结构。

鉴于此，本书依照制度安排与制度环境的划分，结合企业技术创新的特点，将制度结构划分为企业内部制度安排和企业外部制度环境。根据前文综述，企业内部制度安排包括产权制度、技术创新管理制度和企业文化；企业外部制度环境包括市场制度、专利制度、宏观管理制度。共计 6 个维度。

二、技术创新理论

技术创新（Technological Innovation）的概念最早源于 Schumpeter 于 1912 年出版的《经济发展理论》一书中的"创新理论"。按照他的观点，创新是指一种生产函数的转变，或者生产要素和生产条件的重新组合，并引入生产体系使其技术体系发生变革，以获得企业家利润或潜在的超额利润的过程。根据 Schumpeter 的界定，创新是对现存生产要素组合进行"创造性的破坏"，并在此基础上"实现了新组合"。"创新"不仅是指科学技术上的发明创造，更是指把发明的科学技术引入企业中，形成一种新的生产能力。创新不是孤立事件，并且不在时间上均匀分布；相反，它们趋于群集，或者说成簇地分布。具体来说，创新包括五个方面的内容：一是引入新的产品或提供产品的新质量（产品创新）；二是采用新的生产方法（工艺创新）；三是开辟新的市场（市场创新）；四是获得新的供给来源（资源创新）；五是实行新的组织形式（管理创新）。将"新组合"引入生产体系，与技术直接相关的创新即开发新产品和采用新技术是 Schumpeter 新思想的主要内容。

自 1912 年 Schumpeter 首次提出技术创新这一概念以来，不同领域的学者、行业组织进行了不同角度和维度的解读。例如，傅家骥（1992）认为，技术创新泛指一种新思想从形成到得以利用并生产出满足市场用户需要的产品的整个过程。边燕华（1991）将曼斯菲尔德的观点总结为技术创新就是"一项发明的首次应用"。胡哲一（1992）认为，技术创新是以创造性和市场成功实现为基本特征的周期性技术经济活动的全过程。王海山（1993）认为，技术创新本质上是技术发明实现具有广泛社会意义或经济效益的社会利用或商业化应用。郭晓川（2001）认为，技术创新是指由科学发现向商品化不断逼近的物化过程与科技知识和科技成果从不为所知到广泛应用的市场化过程的双向结合、统一发展的过程。它是一个社会过程，是一个有多个组织协力完成的多维非线性过程。

虽然学者与组织对技术创新有不同界定，但各定义却有共同的特点，如首创性、商业化、营利性、风险性等。所以，技术创新是一种以企业为主体，以市场为导向，以技术先进性为基础，以提高经济效益为目标，运用先进性的科技成果进行技术开发、创新，并且使它能够商品化的完整过程。企业技术创新是从新产品、新工艺、新管理的市场需求诞生，引起企业创新设想的产生，到经过研究与开发，使设想变成现实的商品、工艺，并最终推向市场的系统动态过程。在这一过程中，市场需求是先导、诱因，企业是创新的主体，市场化是最终结果。企业技术创新的特征突出表现为：一是首创性。企业技术创新是企业作为创新主体的创新活动，是把新技术创造出来应用到生产经营活动中的复杂过程。二是商业化。这是企业技术创新最关键的环节，只有技术创新的结果成功进行了商业化，企业才能获得利益，才能维持企业正常运转，并为下一轮技术创新提供资金支持和利润驱动力。三是营利性。企业作为市场经济的活动主体，生而为盈利存在。企业进行技术创新是为谋取经济利益的市场行为。但技术创新更加难以模仿，壁垒更高，对企业市场的保护能力更强，给企业带来的经济利益也更多、时间更长，所以企业才会对技术创新不遗余力。四是风险性。企业技术创新的过程比较复杂，结果的不可预测性等因素决定了其具有较大的风险性。

三、企业技术创新能力理论

尽管国际上对于技术创新的研究起步较早，但技术创新能力这个词直到20世纪80年代才被提出来，且直到2010年以后研究才开始升温。可以说，对技术创新能力的研究还处于起步阶段，没能形成标志性且得到公认的理论成果。国内外的很多学者对于创新能力的本质都有自己的观点，虽然观点间存在差异，但是其内容实质是相似的，主要是把技术创新能力看作一个综合能力系统或结构，这个系统或结构由很多不同的要素组成，是创新主体完成技术革新所需要的各种条件的集合。

（一）企业技术创新能力研究

Leonard-Barton（1992）认为，员工的技术能力、系统管理能力等组成了企业的技术创新能力，他将企业中掌握专业知识的人及技术系统和管理系统视为企业技术创新能力的核心，这些系统的有效性决定了企业能否形成良好的创新精神以及（有利于创新的）包容性的价值观和组织文化。Burgelman 等（1996）把进行技术创新的企业综合性特征定义为技术创新能力，具体为熟悉竞争对手、了解公司的环境、洞悉公司组织架构的变化以及开创性战略能力。Fosfuri 和 Tribó（2008）认为，创新是一个复杂的过程，它的基础是对外部技术的吸收，技术吸收能力的提高有利于技术信息的充分利用和促使新知识向技术创新绩效的转化，因此企业技术能力的一个重要部分就是企业吸收和利用外部技术知识的能力。D'Este（2002）认为，要将外部的技术知识转化为创新绩效，企业需要具有相应的吸收能力，因为企业的技术创新起始于其对外界技术信息进行获取以及消化吸收的过程。Atuahene-Gima 和 Murray（2007）认为，企业的技术创新能力是企业组织实施创新战略的综合性能力，在相当程度上决定了企业对于资源进行配置的模式，同时影响企业对创新战略的选择。Barker Ⅲ 和 Duhaime（1997）认为，技术吸收能力对企业如何理解和使用新知识以及开发新技术的方式具有重要影响，因此也会影响企业对于是否开展合作、何时进入市场等方面的判断，技术创新能力强的企业倾向于选择自主性和探索性强的创新战略，而技术吸收能力强的企业所选择的创新战略则会相对具有更高的合作性和利用性。Wang 和 Ahmed（2004）指出，企业的技术能力结构通常需要与其自身的技术创新战略、市场竞争策略相匹配，这是技术能力转化为创新绩效的必要条件。企业在技术创新和技术吸收两方面能力的组成结构和绝对水平可能会对企业的创新战略以及创新绩效产生影响。

《技术创新工程纲要》根据创新过程将创新能力划分为创新决策能力、研发能力、工程化能力、生产制造能力、市场营销能力、组织管理能力、资源优化配置能力等。傅家骥等（2000）认为，技术创新能力就是创新决策能力、研究开发能力、创新管理能力、R&D 能力、组织能力、创新资源能力、生产能力、营销能力以及制造能力等的庞大组合。企业技术创新能力反映在诸多方面，如企业研发新产品的技术水平、企业产品满足市场需求的程度、新产品的生产能力及其市场化能力。创新能力与企业的创新战略联系密切。王海山（2008）等将技术创新能力作为技术能力之一看待，技术创新能力展现的是工艺创新能力和产品创新能力的整体绩效。企业技术能力的提高以技术创新能力提高为前提条件，技术创新能力和吸收生产能力构成了技术能力，两者间存在着紧密联系。提高技术创新能力是提高技术能力的核心。段云龙（2010）基于制度结构认为，企业创新能力是指企业在相当长时期内持续地推出技术创新项目（主要是产品、工艺和原材料），进而实现创新经济效益的能力。企业持续创新能力由技术创新项目实施能力以及创新持续性保障能力构成。尹晓波（2011）认为，技术创新能力指代技术创新综合能力，是创新实现能力、创新投入能力、创新实施能力、创新管理能力等的集合，创新实现能力是核心。陈劲等（2012）、高建（2012）、韩超群（2012）、贾宇（2012）等认为，人员能力、设备能力、组织能力以及信息能力作为系统化的能力，对企业创新战略和创新活动都具有重要的影响。技术创新对于企业来说尤为重要，因为企业主要依靠技术进步来发展。

此外，还有学者从资源绩效角度和创新过程角度对技术创新能力进行了分析。在对技术创新能力的理解上，中国学者要比外国学者定义更科学，分类更细、更直观。对于企业创新能力的构成，国内外学者的观点趋于一致，都认为多种综合表现融合才能构成企业创新能力。就具体的组成而言，所关注的领域和角度存在不同，有的强调核心要素，有的强调综合要素。差异化观点的形成从一个侧面验证了研究企业创新能力的全方位与多视域性。在创新能力评价指标方面，学术界和行业界的衡量和把握度也存在着差异。

（二）企业技术创新能力影响因素研究

对技术创新产生影响的因素很多，如 King 和 Anderson（2002）认为，团队、个人以及组织对组织创新行为或创新绩效产生影响。

Gnyawali 和 Park（2009）认为，同步合作战略有利于中小型企业有效开发技术创新能力，基于此，他们建立了一个多层次的概念模型，从行业、企业层面理解竞合驱动并讨论中小企业竞合的效益和成本。García-Muiña 等（2009）以西班牙生物科技公司为例，实证研究该公司生物科技部门的知识管理能力对引进再创新的影响，提出创新成果的法律保护措施，强调知识汇总只对渐进型创新有影响，公司要保护创新成果，就必须与法律保护系统合作。Yam 等（2011）以中国香港制造业企业为研究对象，探索区域性创新系统（RIS）与公司创新系统（FIS）之间的关系，公司利用其所在地区创新系统所获得的信息资源提升了公司技术创新能力（TICs）。公司从区域性创新系统中获得的信息资源包括外部信息资源和外部专家组织（被称为知识密集型商业服务，简写为 KIBS）。结论是可获取的外部信息影响了公司技术创新综合能力，而外部专家组织只影响了公司的研发和资源配置能力。Michael 和 Tammy（2009）对相关研究文献进行了评述：一些研究认为小型初创公司可以依靠持续稳定的创新想法去削弱大公司的竞争优势，还有研究认为企业规模影响技术创新能力，但第二个观点的支持度很低。分析总结以往文献提出不同研究结论的三个原因：技术经验储备、对自己公司及合作公司的技术经验的利用、将自己公司与合作公司技术经验转化为创新活动的能力。以上也是小公司与大公司的技术创新活动的差异，特别是资源流动——通过内部研发及合作创新模式获取的运营经验的传播，对于创新活动产生积极影响，但这些益处会随着企业规模的增大而逐渐减少。这些发现充分证明大小企业之间创新动力及能力的差异导致企业创新活动的不均匀性。Adele 和 Stefano（2007）实证研究了意大利农业食品企业中竞争战略与创新倾向之间的作用关系。研究专门针对一些公司的创新策略进行了分析，并认为经济和金融因素、组织结构、生产专业化、生产过程和位置环境均是创新策略的影响因素。该研究结果强调被调查的农业食品企业的各项企业行为中呈现高度多样化的创新倾向。研究数据表明，创新激励是共同作用于企业决策层的诸多影响因素的结果。同时还指出，"有组织的"创新活动在企业中的作用越来越重要，技术创新活动的明显不足是公共和私人研发投资的逐渐减少所导致的。Choi 和 Kim（2006）通过分析研发和产品商品化之间动态的互惠关系，提出一种综合方法以探求技术创新如何促进公司竞争力重建；研究运用系统动力学方法调查研发投资推动技术知识积累的封闭反馈循环结构中动态因素的变化，以明确产品创新和工艺创新之间的动态关系，而且，这种知识积累实现产品创新和工艺创新，导致生产效率、客户满意度、实现的利润来源于研发投资的增加；研究提供了评价不同技术创新战略和任务的优劣势的能力，同时提出不同行业环境参数、时间战略下技术创新的一般模式。

Sopkova 和 Kostiviarova（2009）以斯洛伐克 1070 家中小型企业为研究对象，通过实证研究发现，影响中小型企业技术创新能力的主要因素就是企业内部的创新资金来源。Haned 等（2012）认为，组织创新支持技术创新，并对组织创新影响技术创新的持续性进行了验证，其结果显示，组织创新对技术创新的持续性产生积极的影响。

企业创新的能力主要依靠其科研团队的创新能力，同时知识是技术创新的根本。因此，国内关于创新的研究主要集中于团队、组织和知识层面。

对于团队创新，刘惠琴和张德（2010）认为，领导的行为与能力、领导的工作偏好等因素对组织的创新环境、成员的创新能力与创新行为以及团队创新绩效有明显影响，而团队创新和互动有明显的中介效应，并在此研究结论的基础上建立了团队创新绩效决定因素模型。疏礼兵（2012）认为进一步促进研发团队内部知识的学习和转移是企业技术创新绩效得以提升的关键。杨连生（2012）认为团队的目标、特性、氛围以及领导者、决策者的风格等都可以成为团队创新能力的影响因素。蒋富等（2012）认为团队的目标和领导决策是团队能否成功的关键所在，团队的科研水平、文化水平、信息共享、沟通水平和科研硬件等次之，这些次要因素不至于对团队结构产生颠覆性的影响。

对于组织技术创新，柳卸林和陈傲（2012）通过因子分析法和聚类分析法相结合的方式对技术创新能力提升的差异性进行了整理和归纳。林艳和王茜（2012）将影响企业良好创新机制的关键分为外部和内部两个因素：企业技术实力、经济实力、企业作为创新主体的投资意识、企业内部激励机制以及企业素质是内部因素；政府投资策略、管理体制、企业与科研机构的结合程度、风险投资和证券市场体制以及中间试验成为技术转移的瓶颈问题是外部因素。邹爱其（2012）以浙江省的 331 家企业为例进行实证分析，认为企业以及企业家是企业在建立演变创新网络时两个最主要的影响因素。其中，企业的因素涵盖内部结构、企业战略、组织文化、人力资源管理、内部资源等方面；企业家的因素涵盖籍贯、性别、年龄、受教育程度、职业背景、合作意识和扩张愿望等方面。上述这些都会对企业创新网络的扩展持续产生影响。

对于知识技术创新，李浩和韩维贺（2012）认为，知识价值能否有效实现是技术创新得以顺利进行的关键，并把知识价值分成知识差距、学习型文化、组织距离、信任水平和群体激励五个方面，而学习型文化和组织距离作为目标变量是影响的关键点。谢洪明（2012）通过对华南地区148家企业进行实地研究，以知识理论为基础，把组织文化、知识整合以及内部社会资本等软性影响因素归集为同一个理论区域来构建相应的理论模型，其结果表明，知识创新能够影响技术创新，同时组织文化和内部社会资本经过知识整合后，可以推动技术创新。疏礼兵（2012）通过对127家企业的实地调查，归纳企业研发团队中知识转移的6个关键点，分别是关系信任、转移意愿、传授能力、知识距离、知识内隐性以及吸收能力，这些关键点在不同的情景下会产生不同的结果。

（三）企业技术创新能力评价研究

近年来，国外学者大量深入地研究了创新政策评价与测量。王胜兰等（2021）对相关学者的研究进行了归纳，认为这些研究主要分为两大类：一类认为技术创新能力由多种要素构成，主要包括人力、物力、财力等投入要素和相关产出要素，从而提出企业技术创新能力评价方法；另一类认为企业技术创新是一个完整的过程，包含各个不同的阶段，从而形成了不同的评价方法。

Barton（1992）认为，技术创新能力主要包含企业员工技能、企业总体技术能力、组织管理能力和企业价值观等相关要素。Terziovski等（2001）认为，技术创新是包括创新投入、创新流程、创新产品和创新战略在内的一系列过程，并应用创新集成以及网络模型对企业的技术创新能力进行了测度。欧盟委员会发布的《欧盟创新记分牌（2017）》从框架条件（企业外部创新绩效的主要驱动因素）、投资（研发创新投入）、创新活动（企业层面的创新活动）与影响力（企业创新效果）四个方面构建了包含27项指标在内的评价体系，对欧盟28国的创新表现进行评价。Castela等（2018）结合使用认知映射和层次分析法（AHP）对中小企业创新能力进行评价。

郑春东等（1999）提出了一个基于创新价值实现的"需求分析—构思规划—研究开发—生产—价值实现"五个阶段的评价方法，构建了包括资源投入、管理、创新倾向、研究开发、制造、营销能力6个主指标和相应的24个分指标在内的企业技术创新能力评价指标体系，并用层次分析法从定性和定量两个方面举例介绍各指标值的权重计算方法。察志敏等（2004）遵循指标设计的科学性原则、可操作性原则、可比性原则和多目标性原则，认为企业技术创新能力包括技术创新资源、技术创新投入、技术创新组织和技术创新产出四大要素，根据这四个要素建立包括人力资源、经济资源、人员投入、经费投入、项目投入、机构投入、经济效益、新产品和专利 9 个二级指标、22 个三级指标的完整体系，并运用层次分析法及我国 2001 年大中型工业企业的统计数据，对工业企业技术进行了创新能力评价，同时对评价方法的可行性进行了验证。中国矿业大学企业技术创新能力评价指标体系研究课题组（2006）认为企业技术创新能力主要由管理能力、资源投入能力、创新研发能力、创新产出能力、新产品的生产能力和营销能力构成，并在此基础上建立了评价企业技术创新能力的指标体系。郭峰（2012）基于创新管理能力、创新投入、研发水平、人力资源和创新产出 5 个二级指标，采用 AHP 法对指标权重进行模糊评价后建立了一种可以对企业自主创新能力进行综合反映的评价指标。赵林海（2012）在资源知识型中小企业技术创新能力提升评价指标的基础上，把技术型中小企业技术创新能力提升应该具有的资源分为企业家资源指标、人力资源指标、经济资源指标以及外部网络相关资源指标。宋彩平和李承洋（2012）把创新倾向、营销能力、创新资源投入能力、创新管理能力、研发能力、生产制造能力 6 个能力融合起来组成技术创新能力指标评价体系。郑成功和朱祖平（2012）对福建 20 家企业在技术创新能力提升方面的成果进行了评估，建立了以主成分分析法和熵值评价法为基础的企业技术评价方法，把研究开发能力、创新管理能力、制造能力、创新资源投入能力以及营销能力作为技术创新能力的组成部分。陈泽明和付红玲（2015）构建了资源型企业技术创新能力绩效的评价体系，把企业技术创新能力绩效归纳为企业自主创新绩效、企业外源性创新绩效、企业创新的地理绩效、企业创新人文空间绩效、企业创新经济空间绩效五类。李素英等（2017）从科研投入、研究开发、创新产出、市场营销和创新保障五个方面选取指标，建立科技型中小企业创新能力评价指标体系，并基于京津冀创业板上市公司数据，采用层次分析法与 BP 神经网络相结合的方法对科技型中小企业创新能力进行评价。刘利平等（2017）认为，技术创新是一个可分为启动阶段、开发阶段和实施阶段三个阶段的完整过程，并从创新资源投入能力、创新实施能力和创新产出能力三个方面建立企业技术创新能力评价指标体系。

四、对制度结构影响和作用于技术创新能力的研究

技术创新与制度结构互动关系理论从技术创新决定论、制度创新决定论演变为技术创新与制度创新互动关系论。Ayres（1961）认为，社会的制度结构本质上是静止的、抗拒变革的，而技术本质上是不断发展的。吕剑龙（2002）认为技术创新决定了制度创新，从而推动经济增长。但新制度经济学代表人物诺思却强调制度创新对经济增长的重要作用，认为制度创新决定了技术创新。凡勃仑（1964）认为，技术创新与制度创新相互影响、相互作用，旧的制度对技术创新的影响可能是正向的也可能是负向的，而制度创新一般都会促进技术创新。马克思从哲学的高度解释了技术创新与制度创新之间相互依存、相互促进的辩证关系：生产力决定生产关系，生产关系反作用于生产力，当生产力与生产关系的性质和状况相适应时，生产关系就会极大地促进生产力的发展，而当生产力与生产关系性质与状况不适应时，生产关系就会阻碍生产力的发展。从这一概念引申，可将技术创新划入生产力范畴，将制度创新划入生产关系范畴，因此，制度创新会保障、激励和促进技术创新，而技术创新会推动制度创新。科斯（1994）认为，技术与制度之间的关系被马克思优先于同时代的其他学者更深刻地洞悉了。

Ruttan（1978）认为，当在一个持续的相互作用的逻辑中进行分析时，技术创新与制度创新之间是相互影响、相互依赖的关系。国内学者袁庆明（2003）对众多创新理论学者的观点进行总结，认为要充分认识制度创新在技术创新中的重要作用，要分层次、动态地看技术创新与制度创新的关系。王大洲（2001）认为，员工技术创新激励与技术创新空间应由企业制度支持，并从哲学辩证角度分析了制度创新与技术创新的相互关系。李玉虹（2001）认为，改革开放以来的经验证明，制度创新要比技术创新更重要，随着经济的发展，要摒弃过去的重视技术而不重视制度的惯性思维，在进行技术创新的同时推进制度创新。何丰（2004）认为，技术创新与制度创新相互影响、紧密相关。一方面，制度创新推动技术创新，保障社会总新增收入的持续提高；另一方面，技术创新提高了社会

收入水平，通过经济增长又产生新的制度，导致劳动、资本等资源的节约以及经济效益的改变。

此外，部分学者在肯定制度创新与技术创新互相作用、互相促进的同时，把技术创新与制度创新相融合，形成了国家创新系统理论，其主要代表人物有Nelson（1986）、Lundvall（1985）和Freeman（1982）。最早研究国家创新系统的学者是Freeman，他以日本的国家创新系统对日本经济腾飞所起到的重大作用为切入点，提出了国家创新系统理论。Nelson在分析美国的国家创新的基础上提出了国家创新系统的概念。以Lundvall为代表的国家创新体系研究的微观学派主要通过考察厂商与用户的相互作用来研究国家创新体系。技术创新就是用户与生产者之间相互作用、相互学习的过程，它由一些绩效和联系构成。Lundvall从学习论、系统论的角度分析了国家创新体系的构成与绩效之间的互动关系，涉及科学生产的大学、私营部门和其他公共机构以及"最终用户"（包括工人、消费者和公共部门）等各种组织和机构都是国家创新系统的构成并产生相关绩效，而这些绩效在新知识（经济意义上有用的知识）的生产、扩散和使用中相互作用、相互影响，且都位于或者说植根于一国的疆界之内。

樊纲（1993）认为，制度与不同的运行机制的结合或总和，构成特殊的制度结构。袁庆明（2003）全面概括了制度结构的概念，认为技术创新的制度结构是对技术创新具有重要影响和促进作用的各种正式制度、非正式制度以及它们的实施制度耦合而成的制度体系结构。在这种结构中，制度安排的地位和作用不同，但制度绩效间存在相互耦合作用，应当有效地把企业技术创新特性、企业技术创新特性的制度结构与技术创新的制度结构这三个概念结合起来研究。

段云龙（2008）认为，制度结构是由核心制度层、内部制度层和外部制度层构成的网状系统。杨梦源等（2014）把企业持续创新的制度结构界定为对企业持续创新实现产生重要影响和作用的外部制度环境层、内部制度层、核心制度层以及它们的实施制度耦合而成的结构系统。持续创新要求企业在较长时间内持续不断地推出创新项目，因而它具有稳定性、革新性的特征。董静（2004）认为，制度结构所具有的变化特性体现了它的革新性，制度结构中的各项制度安排能够长期有效地发挥作用且体现了它的稳定性，如国家创新系统体系随着时间的推移而呈现出渐变或剧变的特征。

五、研究现状评述

国内外学者对技术创新、制度创新的研究有很多，对企业技术创新能力已经做了较为全面的概括，形成众多有价值的结论。从我国学者的研究成果来看，有关技术创新能力的理论在逐渐成熟，在企业技术创新能力评价领域的研究成果十分丰富。这些研究成果为技术创新能力的进一步研究做了理论奠基。但在制度结构影响技术创新层面的深度研究还不够。

技术创新与制度创新互动关系理论研究的一大突破是创新系统理论的出现，它标志着技术创新与制度创新互动关系理论的研究进入新的阶段。但该理论的不足之处是对技术创新与制度创新互动关系理论的研究仅停留在表层的探讨，对于技术创新如何作用于制度创新或者制度创新如何反作用于技术创新没有深入研究，尤其在制度创新反作用于技术创新方面的研究还不深入。技术创新与制度创新互动关系理论的研究仅限于在认可制度创新影响技术创新的前提下如何进行制度创新和制度环境的建设。总体而言，国内学者对技术创新与制度创新互动关系理论的研究还处于初级阶段，几乎没有对制度结构作用于技术创新能力的理论研究及结构绩效与技术创新绩效的具体案例研究。此外，对于资源型企业的制度创新和技术创新以及两者相互的促进关系还有待进一步研究。

我国的资源型企业往往不以创新作为战略目标和发展任务。资源型企业的企业战略和经营目标不同于其他行业的企业，在理论研究层面必须对这种特殊背景下的企业技术创新能力提升进行具体和深入的分析与研究。从国内已有文献来看，相关研究多集中于两方面：一是对涉及技术创新能力提升方面的影响因素做概括性研究；二是对某一种因素能否对技术创新能力的提升带来影响、以什么方式带来影响进行研究。但是，这两种研究均存在片面性或漏洞，如对于资源型企业而言，其不以技术创新作为核心能力。而有针对性、系统性地对资源型企业技术创新能力提升的影响因素做全面的分解和分析，并对其性质进行分类研究的文献也不多见。

从以上论述可以看出，国内外关于技术创新与制度创新互动关系的研究文献较多，但就制度创新与技术创新作用与反作用的理论研究还不够系统、深入，在资源型企业技术创新能力的构成绩效、能力提升影响因素、能力评价体系和指标，以及构建能力提升机制等相关方面，还未达成一致的认识。因此，本书将围绕这些方面从微观与宏观层面进行纵向与横向的实证研究，在理论方面和实践领域都具有积极意义和现实价值。

第三章 西部资源型企业技术创新现状及问题

资源型企业的发展对国民经济起着至关重要的作用，没有资源型企业的发展，就没有今天生机勃勃的世界经济。在我国资源型企业的历史发展演进中，技术创新是资源型企业，尤其是西部地区资源型企业持续转型、长效发展的关键所在。对西部地区资源型企业技术创新现状及问题的全面梳理和系统厘定，可从根本上为其技术创新路径的提出提供科学有效的支撑。本章力图在系统梳理西部资源型企业技术创新概况、技术发展历程以及技术发展路径的基础上，全面识别当前我国西部地区资源型企业技术创新的瓶颈，为西部资源型企业技术创新工作的系统推进提供依据。

一、西部地区的概念

我国西部地区包括 12 个省份，即西南五省（重庆、四川、云南、贵州、西藏）、西北五省（陕西、甘肃、青海、新疆、宁夏）和内蒙古、广西。总面积约 678 万平方千米，约占全国总面积的 71%，人口约为 3.8 亿，占全国总人口的 27.2%。西部地区与蒙古国、俄罗斯、塔吉克斯坦、哈萨克斯坦、吉尔吉斯斯坦、巴基斯坦、阿富汗、不丹、尼泊尔、印度、缅甸、老挝、越南 13 个国家接壤，陆地边境线长达 1.8 万余千米，约占全国陆地边境线的 91%；与东南亚许多国家隔海相望，有大陆海岸线 1595 千米，约占全国海岸线的 1/11。西部地区疆域辽阔，除四川盆地和关中平原外，绝大部分地区经济相对落后。

（一）人口

我国西部地区的人口总数约为 3.8 亿人，占全国总人口的 29%左右。尽管该地区地域辽阔，但人口分布相对稀疏。这是因为西部地区的地形条件和气候条件较差，其中土地资源中平原面积占 42%，盆地面积不到 10%，约有 48%的土地资源是沙漠、戈壁、石山或位于海拔 3000 米以上的高寒地区，且年平均气温偏低，大部分省份在 10℃以下，有近一半地区年降水量在 200 毫米以下，使得西部地区的平均人口密度每平方千米在 50 人以下，远远低于全国平均水平。这一规律与胡焕庸提出的黑河—腾冲人口分界理论相符。

（二）经济

根据国家统计局相关数据整理统计（https：//data.stats.gov.cn）：

1. 重庆市

2021 年，重庆地区生产总值 27894 亿元，比上年增长 11.39%。按产业划分，第一产业增加值 1922 亿元，比上年增长 6.57%；第二产业增加值 11184.9 亿元，比上年增长 12.19%；第三产业增加值 14787.1 亿元，比上年增长 11.45%。按常住人口计算，全市人均地区生产总值 86879 元，比上年增长 10.97%。

2. 四川省

2021 年，四川地区生产总值 53850.8 亿元，比上年增长 11.03%。按产业划分，第一产业增加值 5661.9 亿元，比上年增长 1.89%；第二产业增加值 19901.4 亿元，比上年增长 13.69%；第三产业增加值 28287.6 亿元，比上年增长 11.2%。按常住人口计算，全省人均地区生产总值 64326 元，比上年增长 10.89%。

3. 陕西省

2021 年，陕西地区生产总值 29801 亿元，比上年增长 14.56%。按产业划分，第一产业增加值 2409.4 亿元，比上年增长 6.25%；第二产业增加值 13802.5 亿元，比上年增长 23%；第三产业增加值 13589.1 亿元，比上年增长 8.5%。按常住人口计算，全省人均地区生产总值 75360 元，比上年增长 14.41%。

4. 广西壮族自治区

2021 年，广西地区生产总值 24740.9 亿元，比上年增长 22.84%。按产业划分，第一产业增加值 4015.5 亿元，比上年增长 10.14%；第二产业增加值 8187.9 亿元，比上年增长 16.19%；第三产业增加值 12537.5 亿元，比上年增长 9.71%。按常住人口计算，全区人均地区生产总值 49206 元，比上年增长 11.23%。

5. 云南省

2021 年，云南地区生产总值 27146.8 亿元，比上年增长 10.55%。按产业划分，第一产业增加值 3870.2 亿元，比上年增长 7.15%；第二产业增加值 9589.4 亿元，比上年增长 14.33%；第三产业增加值 13687.2 亿元，比上年增长 9%。按常住人口计算，全省人均地区生产总值 57686 元，比上年增长 10.83%。

6. 内蒙古自治区

2021 年，内蒙古地区生产总值 20514.2 亿元，比上年增长 18.87%。按产业划分，第一产业增加值 2225.2 亿元，比上年增长 9.68%；第二产业增加值 9374.2 亿元，比上年增长 35.7%；第三产业增加值 8914.8 亿元，比上年增长 7.13%。按常住人口计算，全区人均地区生产总值 85422 元，比上年增长 19.24%。

7. 贵州省

2021 年，贵州地区生产总值 19586.4 亿元，比上年增长 9.66%。按产业划分，第一产业增加值 2730.9 亿元，比上年增长 7.52%；第二产业增加值 6984.7 亿元，比上年增长 11.52%；第三产业增加值 9870.8 亿元，比上年增长 8.98%。按常住人口计算，全省人均地区生产总值 50808 元，比上年增长 9.61%。

8. 新疆维吾尔自治区

2021 年，新疆地区生产总值 15983.6 亿元，比上年增长 15.82%。按产业划分，第一产业增加值 2356.1 亿元，比上年增长 18.92%；第二产业增加值 5967.4 亿元，比上年增长 24.67%；第三产业增加值 7660.2 亿元，比上年增长 8.92%。按常住人口计算，全区人均地区生产总值 61725 元，比上年增长 15.15%。

9. 甘肃省

2021 年，甘肃地区生产总值 10243.3 亿元，比上年增长 14.07%。按产业划分，第一产业增加值 1364.7 亿元，比上年增长 14.86%；第二产业增加值 3466.6 亿元，比上年增长 22.72%；第三产业增加值 5412 亿元，比上年增长 8.97%。按常住人口计算，全省人均地区生产总值 41046 元，比上年增长 14.5%。

10. 宁夏回族自治区

2021 年，宁夏地区生产总值 4522.3 亿元，比上年增长 14.31%。按产业划分，第一产业增加值 364.5 亿元，比上年增长 7.81%；第二产业增加值 2021.6 亿元，比上年增长 24.08%；第三产业增加值 2136.3 亿元，比上年增长 7.41%。按常住人口计算，全区人均地区生产总值 62549 元，比上年增长 13.68%。

11. 青海省

2021 年，青海地区生产总值 3346.6 亿元，比上年增长 11.19%。按产业划分，第一产业增加值 352.7 亿元，比上年增长 4.35%；第二产业增加值 1332.6 亿元，比上年增长 16.57%；第三产业增加值 1661.4 亿元，比上年增长 8.69%。按常住人口计算，全省人均地区生产总值 56398 元，比上年增长 10.92%。

12. 西藏自治区

2021 年，西藏地区生产总值 2080.2 亿元，比上年增长 9.33%。按产业划分，第一产业增加值 164.1 亿元，比上年增长 9.18%；第二产业增加值 757.3 亿元，比上年增长 5.93%；第三产业增加值 1158.8 亿元，比上年增长 11.69%。按常住人口计算，全区人均地区生产总值 56831 元，比上年增长 8.71%。

（三）矿产资源

西部地区是我国的资源富集区，矿产、土地、水等资源十分丰富，且开发潜力很大，这是西部形成特色经济和优势产业的重要基础和有利条件。

西部具有显著的矿产资源优势，虽然部分矿产资源的开发成本较高，但是矿业开发已经成为西部的重要支柱产业。西部的能源资源丰富，特别是天然气和煤炭储量，占全国的比重分别高达 87.6% 和 39.4%。根据有关专家对 48 种矿产资源潜在价值的计算，西部各省份的人均矿产资源价值基本都居于全国前列。在全国已探明储量的 156 种矿产中，西部地区有 138 种。在 45 种主要矿产资源中，西部有 24 种，占全国保有储量的 50% 以上，另有 11 种占 33%~50%。西部地区全部矿产保有储量的潜在总价值达 61.9 万亿元，占全国总额的 66.1%。21 世纪初已形成塔里木、黄河中游、柴达木、东天山北祁连、西南三江、秦岭中西段、攀西黔中、四川盆地、红水河右江、西藏"一江两河"十大矿产资源集中区。此外，西部地区成矿地质条件差，以往地质勘查程度较低，具有巨大的开发利用潜力。

（四）土地资源

西部地区土地资源丰富。西部不仅拥有广袤的土地资源，而且拥有较高的人均耕地面积和绝大部分草原面积。西部土地面积占全国的 71.4%，人均占有耕地 2 亩，是全国平均水平的 1.3 倍。耕地后备资源总量大，未利用土地占全国的 80%，其中有 5.9 亿亩适宜开发为农用地，适宜开发为耕地的面积在 1 亿亩，占全国耕地后备资源的 57%。西部草地面积占全国的 62%，西南部生物资源非常丰富，特色农牧业和生物资源开发利用前景广阔。

但是，西部土地资源的质量与东部和中部地区有较大差异。从总体上看，西部地区山地面积比例高，没有大规模种植粮食的优势。

西南和西北在自然条件上存在差异，西南地区有充足的雨水、多样的气候和丰富的动植物资源；西北地区干旱少雨、光照充足；青藏高原具有独特的高原自然气候条件。因此，西部地区适合发展适应本地土地资源和自然条件的特色农业。西部的部分地区也有生产粮食的优势，如四川和陕西汉中地区等。

（五）水资源

由于我国地貌类型由西向东呈三级阶梯状，而且西部地下水天然可采资源丰富，水资源占全国的 80% 以上，其中西南地区占全国的 70%。西南地区水资源丰富，而西北地区缺水。中国是一个缺水的国家，西南地区丰富的水资源是西南地区的宝贵财富，为工农业发展和居民生活提供了必要条件。西北部分地区缺水十分严重，越来越成为制约西北经济发展的瓶颈，甚至影响到当地居民的生存。

二、资源型企业的概念界定

（一）资源的内涵与性质

一般来说，"资"是财产和金钱的总称，"源"是来源，合起来就是"资财之源"，是人类创造的一切社会财富的源泉，是人类生存和发展的基础与根本保证。《辞海》对资源有两种解释：一是人类赖以生存和发展的自然物质基础，如土地、河流、矿产、动植物等；二是一个国家或某一地区所拥有的人、财、物等物质要素的总称。马克思和恩格斯（1995）认为，劳动和土地是财富形成的两个原始要素。自然为劳动提供原材料，劳动将原材料转化为财富，劳动与自然是一切财富的源泉。曲福田（2001）提出，现代经济学的"广义资源"，分为自然资源和社会资源，其中自然资源包括土地、水、气候、矿产、生物等；社会资源包括人力、信息、技术、知识等。

"狭义资源"仅指自然资源。刘书楷（1989）曾将联合国环境规划署（UN-EP）对自然资源的定义引入中国：自然资源是在特定时间和地点能够产生经济价值的自然环境因素，是提高人类现在和未来福祉的自然条件。赵国浩（2008）指出，自然资源是自然产生的天然产物，现代自然资源或多或少都浸透了人类的劳动，因此自然资源的概念和范畴将随着自然资源的开发利用而变化。根据自然资源的赋存条件，自然资源可以分为地表资源和地壳资源，地表资源包括水、大气、土地、生物等资源，地壳资源主要是矿物原料、矿物质能源等。

本书研究的重点是矿物原料和矿物质能源，不涉及地表资源和其他资源。资源型企业中的"资源"具体是指在特定的经济社会环境和科技条件下，人类可以探索或初级加工的、有价值的、稀缺的、空间分布不均的地下矿物原料或矿物质能源的统称。王锋正（2007）认为，这些资源通常以自然状态直接进入生产或消费过程，并能产生经济价值，改善人类当前和未来的福利。这个概念除价值、稀缺、空间分布不均等一般属性外，还强调资源的可利用性和可持续性等特殊属性。

（二）资源型企业的概念

作为全球最大的煤炭、钢铁、石油、建材消费国，中国拥有一批传统的资源型企业，这些企业在整个国民经济的发展中发挥着极其重要的作用。然而，迄今为止，由于学者研究的侧重点不同和资源内涵广泛而深刻，资源型企业在学术界尚未形成清晰一致的定义。随着企业业务的延伸和拓展，资源型企业的内涵不断丰富，定义的理论视角趋于多样化。

于立等（2003）认为，资源型企业是从事自然资源开发和初加工的企业。王锋正（2007）认为，资源型企业是不同于制造型企业、技术型企业和服务型企业的一类企业，无论是在劳动密集型、资本密集型、技术密集型还是知识密集型方面，其以自然资源的开采和初级加工为基本生产方式，以初级原材料产品为最终产品，在产品结构中，自然资源占据主要地位，依靠对资源的消耗来实现企业的成长，是以资源优势为核心竞争力的企业（主要是拥有或垄断地下矿产资源和地上动植物资源）。敖宏和邓超（2008）认为，资源型企业是指综合各种生产要素，主要开发矿产资源，为社会提供矿产品和初级产品，具有法人地位，实行自主经营、独立核算的营利性实体，如煤炭、钢铁、有色金属、石油、黄金等行业的企业。这类企业对自然资源的依赖程度很高，其核心竞争力在于获取和配置资源，形成并保持可持续的竞争优势，获得稳定的超额收益。严良等（2014）指出，资源型企业利用专有资源优势，以开发和加工自然资源为主营业务，依靠资源经营实现企业经济增长，经营对象主要包括石油、煤炭、矿产、电力和其他资源。

综观对资源型企业的各种描述，由于对资源的定义和理解不同，资源型企业的内涵和外延大相径庭。例如，王锋正（2007）认为，资源包括地下矿产资源和地上动植物资源。因此，资源型企业范围除矿产资源企业外，还包括食品加工、烟草制品、造纸、皮革等国民经济行业分类中的15个行业。而大多数学者认为，资源型企业包括煤炭、钢铁、有色金属、石油、黄金等行业。根据资源的定义，本书倾向于后者，认为资源型企业主要是指地下矿产资源企业，涉及石油、煤炭、矿产、电力等行业。深入研究资源型企业的演进历史和现实不难发现，现有的资源型企业的概念比较突出的问题是：不能准确反映现实世界中资源型企业的本质特征。大多数学者认为，资源型企业的主要产出是矿产品和初级产品，主要从事矿产资源的开采和初级加工。但现实中，无论是神华能源、开滦集团、山西焦煤等煤炭资源型企业的发展，还是宝钢、江西铜业、太钢集团等金属资源型企业的发展，企业依托主营业务拓展相关业务并提供配套服务，形成了清晰的多元化、一体化发展战略。鉴于此，本书认为，资源型企业是指以矿产资源开发、加工为主营业务，依靠资源经营扩大和延伸相关业务范围和提供服务，依靠资源独家使用获得超额利润形成竞争，凭借自身优势实现经济增长的企业，且此类企业在生产过程中对资源枯竭和生态破坏的影响较大，具有严重的负外部性。

该定义分为三个层次：第一层次是对资源型企业的内涵和外延的界定，秉承"资源型经济"的理念（张复明，2007），主要是指开发利用石油、煤炭、天然气等化石能源和拥有铜、铁等矿产资源的企业，由于这些资源的地理分布非常不均，对一个国家或地区的发展具有极其重要的战略作用。这些企业的集合往往构成区域支柱产业，对区域经济发展起到引领作用。同时，资源性产品是该地区（国际）贸易的主体，引领着贸易格局的变化和发展趋势。第二层次是强调资源型企业的增长战略不仅限于资源开采和初级加工。虽然依赖于资源的独占优势，但更突出资源开发是企业成长和经济增长的主要动力和竞争优势的源泉。开发和开采有着截然不同的内涵。开发包括新产品的开发利用、工艺流程的技术改进、相关业务的拓展和延伸等，强调创新在业务经营的各个方面的渗透和应用。第三层次是强调资源型企业的成长伴随着巨大的负外部性，因为资源型企业的成长与资源消耗之间存在反向耦合，资源枯竭无疑直接威胁到可持续发展资源型企业自身。同时，资源型企业的发展会引发大气污染、水土流失、地表沉降、土地荒漠化等一系列严重的环境破坏和生态衰退问题，给我国整个区域经济和社会的可持续发展带来巨大威胁和挑战。

三、西部资源型企业技术创新的过程

西部地区既是我国经济社会的欠发达地区，也是资源型企业较为集中的区域。就区域内的资源型企业发展总体状况来看，其在不同时期的历史演进变革和技术创新中，逐步形成了产业总量大、在国民经济体量中占据较高比重，分布总体较广，对城市化进程、对西部地区经济社会发展贡献较大的总体特征。

我国西部地区资源型企业技术创新总体上经历了从无到有、从小到大、从弱到强的历史演进过程。

（一）全盘技术引进的零起步时期（1949~1972年）

中国的工业发展史表明，1949年以前，中国基本上没有真正属于自己的现代化工业和企业。尽管洋务运动以后，清政府、民国政府在东南沿海地区建立一些近现代的工业企业，如江南造船厂、南海继昌隆缫丝厂、上海机器织布局、武汉制麻局、上海启明丝光燃厂、上海云章衫袜厂等。但从总体上来看，在这个时期，企业所有的技术、技术人员都直接来自西方国家，完全谈不上自主的技术拥有和技术创新。进入抗日战争时期，解放区开展规模相对较小的兵工制造、纺织品制造等工业，形成了为数不多的企业，直到1949年，除一些残破的工厂外，我国几乎没有任何的工业体系和技术。直到1953~1957年的社会主义改造时期，中国的工业化发展才开始进入了起步阶段。在苏联的援助下，中国进行了156个大型工业项目建设，我国的工业化发展得以正式起步。

据统计，在20世纪50年代中国工业化起步阶段，中国在社会主义国家阵营的资金和技术援助下开始了历史上前所未有的工业化进程，在冶金、机械、化学、能源和国防工业领域先后开展了150余项重点工程。需要特别指出的是，这一时期的工业化发展直接带动了后来的工业企业的形成。在这一历史阶段，我国的工业企业因为更多是从重工业、国防工业的角度考虑和布局的，所以，除部分东北工业基地的建设项目外，相当一部分的工业企业都是布局在我国西部地区，形成我们今天所说的西部地区资源型企业的早期雏形。有关资料显示，在近20年时间里，我国在西部地区先后建成了独立的、完整的、种类齐全的工业体系和科技体系，完成了举世闻名的"两弹一星"工程，与此同时，围绕新疆地区的油气资源开发、西昌的卫星基地建设和攀枝花的钢铁企业、青海的原子城建设，以及云南、贵州、陕西等省的矿产冶炼，在西部地区形成了相当一批资源型企业，伴随着形成了一定的企业技术积累。当然，必须指出这个时期的技术主要来自对苏联的学习，总体上还谈不上技术的创新。

（二）自行培养人才提供技术支撑时期（1972~1978 年）

进入 20 世纪 60 年代中期之后，因为中苏关系的恶化，无论是西部地区业已形成雏形的资源型企业发展，还是我国整个的工业化体系建设，都受到了严重的影响和制约。技术上的发展、资金上的获取都进入极为困难的时期。到了 70 年代，随着国际环境的变化以及中美关系的缓和，中国打开了从西方发达国家引进先进技术的窗口。毛泽东、周恩来等老一辈领导人极具创造性地提出了"四三方案"（从西方国家引进了 43 亿美元的外资）。得益于这个方案的实施，一批新兴技术和技术人员开始进入我国西部地区的资源型企业。以云南个旧地区的锡矿产业为例，在整个 70 年代，有近 3000 名国内外技术人员和相关高校毕业生奋斗在锡矿开采、冶炼和相关制造的第一线，极大地促进了这一时期西部资源型企业在技术上的发展。"文革"结束后，第二代中央领导集体提出 82 亿美元的"八二方案"。"四三方案"加上"八二方案"有效地缓解和补充了我国工业产业发展的资金困难和技术瓶颈，同时从根本上推动西部地区资源型企业在技术上的持续提升和迅猛发展。在这一时期，西部地区石油开采、矿产开发等行业企业的技术水平、生产效率得到了明显的提升。

（三）多元协调为主的小型化资源型企业迅猛发展时期（1978~2000 年）

1978 年改革开放以后，国家开始了经济体制的重大改革，1978~1992 年彻底告别了计划经济体制，实行"转轨"，客观上为西部地区资源型企业从单一的"大型化"向"大型化为主+小型化迅速发展"的转化提供了必要的基础条件。在这一时期，我国采取改善人民生活第一、工业全面发展、对外开放和多种经济成分共同发展的工业化战略，进行工业结构调整，从优先发展重化工业转向优先发展轻工业。从 1978 年开始，轻工业产值和占比大幅上升，重工业的投资则被压缩，其产值和占比逐年下降，直到 1984 年才逐渐协调过来。1982~1999 年中国轻工业的总产值占全部工业产值的比重一直在 49% 上下，仅略低于重工业。

在这种结构调整的主导下，西部地区单一的以资源开发、资源消耗为主的资源型企业开始了自己的转型，一方面是在技术上进行了持续的升级改造，另一方面是拓展产业的上下游相关行业，为企业的横向一体化发展开辟道路。在这一过程中，西部地区的资源型企业出现了明显地从大型化向"大型化+小型化"相结合发展的趋势，在云南、新疆、陕西、四川的大部分地区，传统的大型、超大型资源企业开始有选择地开办子公司、子企业，部分围绕大型资源企业而建设的城市开始出现了一大批的附属企业和附属产业，典型的如云南玉溪的大营村，形成了以红塔集团卷烟产业为主的包装、制造等产业，再如攀枝花、克拉玛依等地区的矿产资源开发、石油开采的相关附属企业和产业。在这种资源型企业发展转型的背后，相关的技术逐步从如何实现资源的更大效率开采向如何实现资源的更大效率利用，从简单的资源开采技术到资源效率提升以及向相关的上下游产业的技术研发、深加工方向拓展。

（四）着眼于融入全球的替代性产业技术升级时期（2000年至今）

1999年后，一方面得益于中国加入世界贸易组织所带来的经济社会发展机遇，另一方面得益于西部大开发战略的实施，西部地区相当部分的资源型企业开始着手思考全球化背景下的企业发展竞争，同时对资源枯竭后可能面临的情况进行了系统的思考和相关的应对。尤其是伴随着中国加入世界贸易组织，资源型企业传统的劳动力密集型、资源密集型的竞争优势很快就遭受了来自西方发达国家的技术挑战，资源开发利润的下降、技术的老化等问题进一步加剧和凸显。不仅如此，新疆、青海、陕西、四川、贵州、云南等西部地区的相当一部分资源型城市，都出现了不同程度的发展衰退。同时，资源枯竭的情况也在不断加剧。面对内忧外患，国家对大多数资源型企业开始了新一轮的技术转型升级，切实谋求通过技术升级来实现企业的竞争力提升和长足发展。

21世纪10年代以来，随着"一带一路"国际理念的深入推进，西部地区的资源型企业迎来了新的发展契机，但也迫切需要这些资源型企业在技术上求得新的发展。时至今日，无论是那些大型的资源型企业，还是小型的、新兴的资源型企业，都在内外部发展环境的深层变革中开始了全新的技术引进和升级改造。

可以说，自1949年以来，西部地区的资源型企业总体上经历了一个从无到有、从小到大的发展历程，其技术创新也经历了一个从无到有、从低水平到高水平、从学习苏联到自主发展、从被动适应经济社会发展需求到主动引领经济社会发展需求、适应企业发展内外部环境变革的过程。

四、西部资源型企业技术创新现状

本节在综合全国规模以上工业企业技术创新数据的基础上，围绕技术创新的基础条件现状、技术创新的资金投入现状、技术创新的技术吸收现状、技术创新的人力投入现状、技术创新的产出现状五个维度，具体梳理我国西部地区资源型企业技术创新现状。

（一）全国规模以上工业企业技术创新概况

据国家统计局网站数据，2016 年，全国研究与试验发展（R&D）经费投入78%来源于各类企业、15%来源于政府及所属科研机构、7%来源于各高等院校。各类企业是中国技术创新经费来源的绝对主体。就全国企业技术创新情况而言，全国规模以上工业企业约37.9 万家，有研究与试验发展活动企业 86891 家，研究与试验发展经费支出 10944 亿元，研究与试验发展经费支出与主营业务收入之比为 0.9%。研究与试验发展项目数 360997 项，研究与试验发展项目经费支出10064 亿元，办研究与试验发展机构数 72963 个，办研究与试验发展机构人员数292 万人，办研究与试验发展机构经费支出 7664 亿元。新产品开发项目数391872 项，新产品开发经费支出 11766 亿元，新产品销售收入 174604 亿元，新产品出口销售收入 32713 亿元。专利申请数 715397 件，发明专利申请数 286987件，有效发明专利数 769847 件。引进国外技术经费支出 475 亿元，引进技术消化吸收经费支出 109 亿元，购买国内技术经费支出 208 亿元，技术改造经费支出3017 亿元（见表 3.1）。

表 3.1 全国规模以上工业企业技术创新情况统计

指 标	2016 年	2015 年	2014 年
有研究与试验发展活动企业数（家）	86891	73570	63676
研究与试验发展经费支出（亿元）	10944	10013	9254
研究与试验发展经费支出与主营业务收入之比（%）	0.9	0.9	0.8
研究与试验发展项目数（项）	360997	309895	342507
研究与试验发展项目经费支出（亿元）	10064	9147	8163
办研究与试验发展机构数（个）	72963	62954	57199
办研究与试验发展机构人员数（万人）	292	267	246
办研究与试验发展机构经费支出（亿元）	7664	6794	6258
新产品开发项目数（项）	391872	326286	375863
新产品开发经费支出（亿元）	11766	10270	10123
新产品销售收入（亿元）	174604	150856	142895
新产品出口销售收入（亿元）	32713	29132	26904
专利申请数（件）	715397	638513	630561
发明专利申请数（件）	286987	245688	239925
有效发明专利数（件）	769847	573765	448885
引进国外技术经费支出（亿元）	475	414	388
引进技术消化吸收经费支出（亿元）	109	108	143
购买国内技术经费支出（亿元）	208	229.94	213.53
技术改造经费支出（亿元）	3017	3148	3798

资料来源：国家统计局。

按照国家统计局的划分标准，属资源型行业的企业有 136724 家，约占全国工业企业的 1/3 以上。18 个资源型行业的研究与试验发展经费支出与主营业务收入之比（研发投入强度）仅为 0.8，低于全国 0.9 的均值。这 18 个资源型行业中仅有黑色金属冶炼及压延加工业、化学原料和化学制品制造业、化学纤维制造业 3 个行业超过 0.8 的行业均值，其余均低于行业均值，更远低于全国均值（见图 3.1）。按东西部划分，西部所有省份中只有陕西超过全国 2.08 的投入强度均值，且远低于 2.08，除去省情特殊的西藏外，排名靠后的新疆、贵州、青海仅为 0.54、0.59、0.65（见图 3.2）。

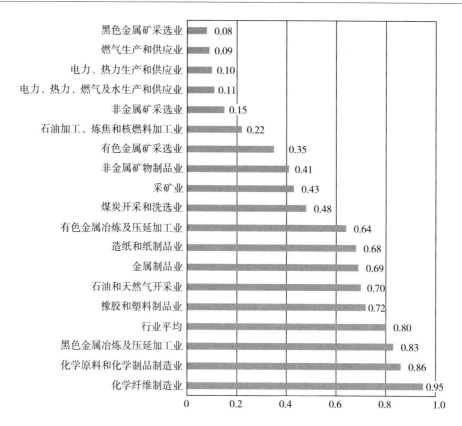

图 3.1 全国资源型行业企业 R&D 投入强度

资料来源：国家统计局《全国科技经费投入统计公报》。

由统计数据可以看出，全国的创新氛围呈良好的上升态势，但是地域区别明显，东部创新氛围好、西部创新氛围差；行业差别也明显，资源型行业的创新氛围明显低于其他行业。

（二）西部资源型企业技术创新的基础条件现状

可以说，西部资源型企业的技术创新面临着东西部的地域差异化和资源型行业的差异化两方面的压力。从观测企业技术创新能力的指标之一——企业所拥有的技术开发机构、研究机构数来看，以 2016 年的不完全统计为例，我国西部 12 个省的各类规模以上工业企业共拥有技术开发机构 15699 个，仅占全国总量 86891 的 18%，远远落后于东部地区。如果以资源型企业占全国工业企业 1/3 的

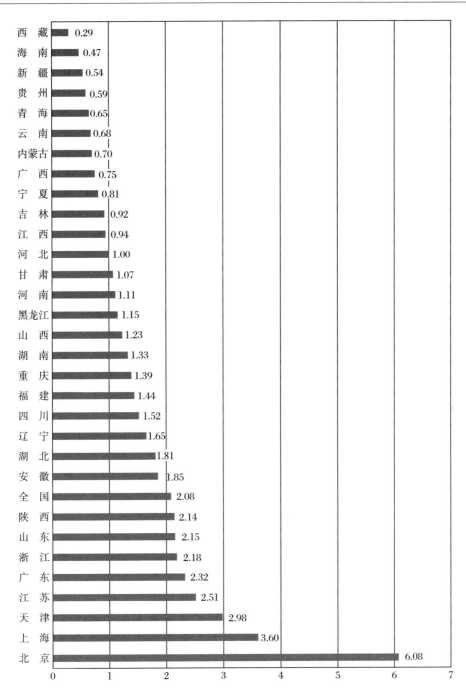

图 3.2　2016 年全国各省份 R&D 投入强度

资料来源：国家统计局《全国科技经费投入统计公报》。

逻辑推理，资源型企业的创新组织应该占西部地区企业技术创新组织的30%，即西部资源型企业拥有的技术创新组织理论上应达到4700个以上。但实际情况是，据不完全统计，西部资源型企业有创新机构的仅3000余个，低于全国均值。

（三）西部地区资源型企业技术创新的资金投入现状

近年来，在经费保障方面，尽管西部地区各资源型企业筹措的科技活动经费不断提高，但因为起步晚、起点低，所以截至2016年，西部地区所有的资源型企业用于技术创新的经费总额尚不及深圳市一个区的企业技术创新资金总额。据国家统计局数据，东西部地区企业R&D经费的投入强度比为2.3∶0.4（见图3.3），相差近8倍。例如，X公司作为西部某省的钢铁企业，属于区域内产能、产值最大的钢铁企业，在"十一五"和"十二五"时期，该公司累计投入用于技术研发的经费仅为2490万元，年均不到300万元。而在同一时期，广东省佛山市的某民营陶瓷企业，累计用于技术革新的经费投入高达2.4亿元。可见，即便是西部地区的大型资源型企业，其用于技术创新的经费投入总体上也无法和东部发达地区的中小企业相比。

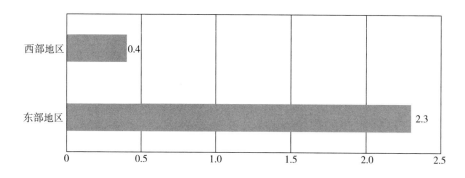

图3.3　2016年东西部地区R&D投入强度对比

资料来源：国家统计局《全国科技经费投入统计公报》。

（四）西部地区资源型企业技术创新的技术吸收现状

在技术消化吸收方面，我国企业早在改革开放初期就开始了相对系统的国外技术引进，发展到今天，仍旧有相当部分企业更多是纯粹的技术引进，而很少消化吸收，模仿、借鉴还是大部分企业在技术引进上的主流方式，自主知识产权、自主技术创新总体甚少。有数据资料表明，我国的企业对技术引进的吸收率仅在7%左右，如果把样本缩小到500强企业，则在1%。没有掌握最基础、最核心的元器件和技术在资源型企业则更为明显，投入不足和投入不合理现象并存，说明我国企业二次创新能力缺乏。具体到西部资源型企业，对技术引进的消化和吸收能力更弱。同样以某省的X钢铁企业为例，该企业早在2009年就引进了德国的生产线，但至2016年，该生产线的日常技术维护还需要德国工程师来完成，每年要为德国技术人员支付高额的工资。

（五）西部地区资源型企业技术创新的人力投入现状

就全国范围而言，在我国企业科技活动中，与技术创新经费投入、技术消化比例等不同的是，科技活动人员比重持续明显提升，技术创新人员占全国科技活动人员的比重不断上升。《我国企业技术创新现状分析》的数据表明，1991~2016年，我国企业技术人员占企业员工比重及占全国从业人员的比重都在迅速增加，很多企业拥有了院士、长江学者等高层次人才。从这项指标来看，我国企业的技术创新无疑是进步发展的。具体到西部地区资源型企业，企业中技术人员的比重总体上呈现逐年增长的趋势。从某省X钢铁企业情况来看，2009~2016年，该企业累计引进博士研究生超过13人，专业技术人员中有456人从中级专业技术职称成长为高级专业技术职称。但是，全国技术创新从业人员的数量与技术创新成果的数量比却不理想，总体质量不高。据数据统计，2016年全国技术创新从业人员近3000万人，而产出的成果仅近300万项，比例为10%左右，远低于发达国家接近20%的比例。且从分布区域看，87%左右的科研人员服务于东部地区（见图3.4）。

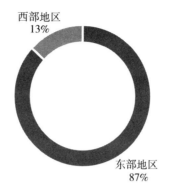

图 3.4 2016 年全国科研人员服务区域分布

资料来源：国家统计局《全国科技经费投入统计公报》。

（六）西部地区资源型企业技术创新的产出现状

从申请专利数、拥有专利数来看，西部资源型企业在全国各类企业中所占比重总体极低。据不完全统计，西部 12 个省份的企业每年申请专利数、获批专利数两项指标总体上远低于全国平均水平，与东部沿海地区的深圳、上海、杭州等差距更大。就单个企业来看，以宝钢为例，2016 年营业收入 3216 亿元，创历史新高。在营业收入创历史新高的同时，在研发方面的投入也创了历史新高，达到了 308 亿元。随着研发投入的加大，其专利申请数量不断提升，仅 2016 年宝钢的专利申请受理量就达到了 906 件，居国内资源型企业之首。X 钢铁企业 2017 年的营业收入为 509 亿元，年投入的技术研发经费仅为 1600 万元，申请专利数 16 件。即便是在综合考虑两家企业分别属于技术型企业和资源型企业这个因素后，其在技术创新上的巨大差异也值得我们深思。

从企业新产品开发来看，西部资源型企业基本上都是因循过去的轨迹在发展，总体上没有新产品的开发，尽管部分企业有为数不多的生产线技术、装备制造技术的升级和改造，但其直接开发、生产的新产品总体上甚少。这一方面体现了资源型企业对资源的严重依赖，另一方面同样凸显资源型企业技术创新的重要性和必要性。众所周知，资源枯竭是无法避免的，也是不可逆转的。这就意味着，资源型企业必然面临着资源消耗的传统难题。技术创新则可以从根本上为企业降低能耗，提高资源的利用效率和使用效率，进而最大限度地为西部地区的资源型企业找到一条转型发展、跨越发展的新路子。同时，企业的技术创新做得好，有可能为企业产能的提升、生命力的延长提供更好、更大的生存和发展空间。必须承认，尽管技术创新并不是资源型企业未来发展的唯一选择，但技术创新这一命题的提出，可在多个维度上破解资源型企业转型发展的诸多问题。资源型企业的发展问题，是我国西部地区经济社会发展的重要问题，而资源型企业技术创新问题，则是广大的西部地区资源型企业必须思考和审慎应对的根本性问题。对这一问题的综合求解，不仅需要资金上的投入，也需要人力上的支持，需要技术的消化，更需要技术上的开发。

五、西部资源型企业技术创新面临的问题

中国是世界上最大的资源消费国，资源生产处在国际前列。近年来，我国资源型产业集中度和生产力水平都大幅度提高。但行业整体生产力水平依然偏低，技术水平落后，高端产品依赖进口严重；能源效率不高，可持续发展的体制机制仍不完善，环境污染问题严重，产能相对过剩，企业处于微利甚至亏损局面，产业结构和产业发展形式尚不能适应新常态的要求。

（一）技术创新管理机制不完善不健全，企业未成为技术创新主体

资源型企业创新的制度结构和体制机制不完善、不健全。很多企业缺乏实施创新的制度，政府也没有尽到引导和激励企业创新的责任。在市场压力下淘汰落后产能的同时，未能积极引导企业进行革新，很多时候是"一刀切"的关停，造成了资源、产能的极大浪费。企业也未有足够的创新意愿，"等靠要"的陈旧思想还没有转变，原本应当是创新主体的企业反而成为了创新的客体。

（二）企业管理团队对企业技术创新不够重视

西部资源型企业的经营管理团队综合素质有待提高，对技术创新是企业发展

的动力之源认识不足，往往只看重企业当前或近期利益，没有远景的战略规划，导致了企业缺乏创新动能甚至丧失了创新能力。很多西部资源型企业根本就没有设立研发机构甚至没有研发岗位配置。在近几年的去产能过程中，很多小型的资源型企业因此丧失了生存的能力。企业没有创新的文化，这与企业管理者缺乏创新的意识、看轻产品的技术含量、对创新根本不重视有着直接的关系。

（三）创新的人财物投入不足

由于缺乏创新，产品更新速度不能满足市场需求，大部分企业的产品均为低端低附加值产品，利润率较低，从而导致企业自有资金不足。这成为了一个恶性循环，没有创新，就没有高附加值的创新回报。很多西部资源型企业的产品结构多为低端的原材料冶炼加工，加之近年来以国际钢铁价格为代表的资源型产品价格偏低，企业利润则更低。有些企业连年亏损，倒闭的企业不在少数。而个别重视技术创新的资源型企业则发展良好，高投入换来高回报之后又继续反哺创新研发，形成了良性循环。此外，资源型行业从业人员的整体受教育程度偏低，导致了其创新型人才投入不足。

（四）技术创新效率低下

企业在搞技术创新时，没有做好市场调研，只凭经验估计，对现实和未来的市场分布、生产能力、需求总量、在建项目规模等多方面的情况未进行科学的调查研究。对市场的预测不科学，对产品的真实市场需求、产品先进性、生产可行性分析不够，忽视市场整体在建项目规模及对未来市场的总需求预测不准确，导致创新行为效用低下，创新项目失败。此外，创新成果的转化效率也不高，落后产能的替换跟进缓慢，对资源的利用效率不高，技术创新的整体效率低下。

六、本章小结

　　本章系统讨论了我国西部资源型企业技术创新的历史脉络、现阶段技术创新的基本状况，分析了其发展路径，并从基础条件、资金投入、技术吸收、人力投入、产出五个维度分析了技术创新的实际情况，也梳理了当前西部资源型企业技术创新所面临的问题和困难。为对本书的限制性主体——西部资源型企业的研究打下了理论基础，便于研究其在制度结构中如何提升企业技术创新能力。

第四章　理论基础与研究假设

　　本章基于以往研究成果，专门对制度建构的理论基础进行探究，同时建立本书的理论模型，作出研究假设。鉴于本书研究的是西部资源型企业的问题，为便于书写，统一将"西部资源型企业"简写为"企业"，即下文中所有的"企业"均为"西部资源型企业"。

一、理论基础

（一）关于制度结构的讨论

　　制度结构是一个比较宽泛的概念，它具有不同的特征，由此导致在分析制度结构与持续性技术创新关系时有一定的难度。

　　根据制度结构对企业持续性技术创新重要程度的不同，可把制度结构分成不同的层次。例如，向刚（2006）将对技术创新起重大促进作用的制度安排称为重大性制度，如企业研发制度、政府宏观管理制度以及风险投资制度等，而将那些对技术创新的促进作用较弱或者虽然作用较大但以非正式制度形式存在的制度安排称为辅助性制度。袁庆明（2003）把根本性制度、重大制度以及辅助性制度作为技术创新的制度结构。对技术创新活动起决定性作用的制度安排可称为根本性制度，如市场制度、产权制度、专利制度等；政府为促进技术创新出台的其他经济制度，如产业政策、价格政策等导向性措施。这种分类有一定的合理性，但是制度结构具有革新性，过去对企业持续性技术创新不会产生重大影响的制度在今天可能就成为非常重要的制度，如企业文化、企业家创新精神等在过去被界定为辅助性制度，而在今天的企业创新实践中却起着至关重要的作用。本书认为，只需把制度结构按重要程度分为两个层次即可：核心的制度层面以及重大性的制度安排，一些辅助性制度结构可划入重大性制度安排范畴。在促进企业持续性技术创新的过程中，非正式制度与正式制度均起着同样重要的作用。也有人按照规范性对制度结构进行分类，如张旭昆（2002）将其分为正式规则、非正式规则以及个体规则，这样分类很容易造成研究过程中对外部制度环境的忽视，从而导致外部制度环境对企业持续性技术创新作用研究的缺失。

本书较为认同制度结构可分为内部制度安排与外部制度环境的观点。戴维斯和诺思（1992）首次对制度结构做了类似的划分，他们把内部制度定义为"组织内部一系列用来确立生产、交换与分配的基本的政治、社会与法律规则"，把外部制度定义为"组织之间、支配经济单位之间可能合作与竞争方式的规则"。林毅夫（2001）结合中国实际提出制度安排是"管束特定行动模型和关系的一套行为规则"，其中正式与非正式制度安排的总和即制度结构。王大洲（2001）基于林毅夫、戴维斯和诺思的观点，定义制度结构由制度环境和制度安排组成。本书综合前人的观点，依照制度安排与制度环境对制度结构进行划分，并结合企业技术创新制度结构的特点，将其划分为企业内部制度安排和企业外部制度环境。根据前文所述，企业内部制度安排包括产权制度、技术创新管理制度和企业文化，企业外部制度环境包括市场制度、专利制度、宏观管理制度，共计六个维度。具体划分情况如图4.1所示。

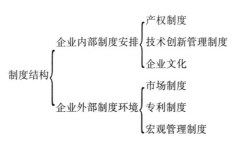

图4.1 制度结构

（二）关于资源型企业技术创新能力的讨论

国内外诸多学者对创新能力都有自己独特的见解，但就实质内容来看，都把技术创新能力看作是一个综合的系统或者综合的结构，这个系统或结构又是由很多要素所建构的，是创新主体之所以能成功创新所需的各种要素的总和或者集合。

关于创新能力的测量，国际主流的代表性指数主要有 5 个，据国家信息中心（2018）网站资料整理：①《世界竞争力年鉴》（IMD）。这是瑞士洛桑国际管理学院发布的关于世界主要国家和地区竞争力的年度研究报告，在我国常被称为《洛桑报告》，它是全球最深入和复杂的国家竞争力年度评价报告。该报告自1989 年起每年定期发布，在世界范围内具有较强的权威性和影响力。中国于1994 年起被 IMD 纳入评价范围，并随着我国科技创新能力和综合实力的不断增强成为 IMD 重点关注的国家。IMD 通过统计数据（IMD 称为硬指标，Harddata）以及针对企业管理人员的问卷调查结果（IMD 称为软指标，Softdata 或 Surveyda-ta）对不同经济体的国家竞争力进行评价和排序。在这套极其复杂且多层次的评价指标体系中共采用了超过 300 个竞争力指标。②《全球竞争力报告》。2006年，美国哥伦比亚大学的萨拉·伊·马丁教授为世界经济论坛开发了一个全新的综合性竞争力指标——全球竞争力指数（Global Competitiveness Index，GCI）。GCI 对那些影响生产力和竞争力的至关重要的因素进行了全面概括，并将其分成制度、基础设施、宏观经济、健康与基础教育、高等教育与培训、市场效率、技术准备、企业成熟度和创新 9 个支柱。2007 年，世界经济论坛对指数进行了局部修正，用新的 12 个支柱性因素代替了原来的 9 个支柱，将原来的市场效率分拆成商品市场、金融市场、劳动力市场 3 个独立因素，并增加了市场规模因素。GCI 认为，这些因素中的任何一个因素都不能单独确保竞争力的发展，只有综合起来才能发挥出最大的效率。③欧盟创新记分牌（European Innovation Score-board，EIS）。由欧盟创新政策研究中心制定，从 2001 年开始对欧盟各国的国家创新能力进行全面评价，指标分为创新驱动、企业活动、创新产出三大领域（一级指标），分别反映企业外部的主要创新驱动力，创新过程中企业的表现和创新的中间结果，以及创新结果和成效；下设人力资源、资助和支持、企业投资、创业与合作、创新中间产出、创新企业、经济效益7个二级指标。EIS在设计思想上突出了创新过程的系统性并强调了企业的创新主体地位，在内容上既包括创新活动的投入和中间产出情况，又包括创新对经济的影响等。由于各项评价指标的计量单位不同，EIS采用综合指数法，通过标准化、赋权等步骤得出各个国家的综合创新指数（SII）。④全球创新记分牌。在欧盟创新记分牌的基础上，欧盟于2006年推出了全球创新记分牌（The Global Innovation Score-board，GIS），对全球主要国家的创新能力进行评估。除欧盟国家外，还评价了美国、日本等发达国家，以及包含中国在内的"金砖四国"等新兴经济体。全球创新记分牌选择的样本超出了欧盟的范围，跨国数据收集比较困难，因此仅用了EIS 24个指标中的12个二级指标，从创新驱动力、知识创造、扩散、应用和知识产权五个方面对国家创新能力进行评估。2008年的全球创新记分牌进行了进一步修订，将5个支柱因素合并为3个，即公司活力和产出、人力资源以及基础设施和吸收能力。同时，EIS和GIS一直延续了创新能力评价的投入产出框架，突出科技人员数目、高等教育水平、R&D强度、科技进步与对策、信息基础设施和知识产权等要素。⑤全球创新指数（Global Innovation Index，GII）研究。于2007年首次由欧洲工商管理学院启动，旨在评估国家或经济体的创新能力和相关政策表现，其关键目标是超越传统的创新测度方法，如博士学位数量、研究论文、研发支出及专利数等，寻找更好的方法和途径描述丰富的社会创新活动，制定更好、更科学的评估创新标准与策略，即通过评估各经济体为创新提供的支持因素如体制、人力资本与研究、基础设施等来衡量一个国家或经济体的创新能力，帮助企业领袖和政府决策者了解提升一国竞争力可能面临的缺失与改进方向。

在国内，郭峰（2012）采用AHP法对指标权重进行模糊评价，并建立了一种可以对企业自主创新能力进行综合反映的评价指标。宋彩平和李承洋（2012）把"六个能力"融合起来组成技术创新能力指标评价体系。赵林海（2012）在资源知识型中小企业技术创新能力评价指标的基础上，把技术型中小企业技术创新能力提升应该具有的资源分为企业家资源、人力资源、经济资源以及外部网络相关资源。吴友军和吕小柏（2014）把中小企业的经营特点以及国内外的研究现状相互结合，在综合评价方面把创新制造能力、创新资源投入能力、创新管理能力、研究开发能力及创新产出能力定为一级指标，采用层次分析法和模糊数学相结合的方式进行评价。陈泽明（2015）构建了资源型企业技术创新能力绩效的评价体系，把企业技术创新能力的绩效归纳为企业自主创新绩效、企业外源性创新绩效、企业创新的地理绩效、企业创新人文空间绩效、企业创新经济空间绩效5类。

企业技术创新能力具有丰富的内涵，学界相关研究中对其具体组成的论述都有其道理。不过从西部资源型企业视角出发，尤其是对那些生产经营具有持续性的企业来说，从技术创新的过程来分析其技术创新的能力更符合企业实际。因此，本书在研究西部资源型企业技术创新能力相关问题时，着手从创新的绩效来进行调查分析。陈泽明和付红玲（2015）曾把企业技术创新能力的绩效归纳为5类，这些绩效分别聚焦企业的自主创新、外源性创新、创新地理、创新人文空间、创新经济空间5个核心要素构建绩效的来源和种类，当然这些绩效可能具有某种程度的交互性，形成某种内在关联。本书主要探究制度结构对于具有自身特性的资源型企业内生性技术创新的影响问题，主要涉及企业自主技术创新和企业外源性技术创新两个绩效类别。参照陈泽明的划分，上述两个类别的企业技术创新能力又可细化为技术绩效、人才与管理绩效、资本绩效3个影响因素。理论和实践充分证明无论是人才与管理，还是企业的经济发展，它们的内在推动力都是科技创新，人才又是科技创新的主体，基于这样的逻辑，企业管理实际上是通过人才来作用于企业自主技术创新，换句话说就是通过企业知识管理来实现技术创新；由此不难发现，技术实际上是企业自主创新不可替代的重要构成因素，往往表现为企业自主创新的成果；同时，资本也在企业技术创新过程中扮演着不可或缺的重要角色，资本发挥着重要作用（见图4.2）。

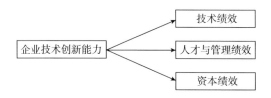

图4.2　企业技术创新能力构成绩效

（三）关于创新意愿的讨论

意愿是一个心理学概念。创新意愿是个体对创新的一种自内向外的暗示和主观想法。Ajzen（1985）认为，意愿可理解为一种行为意向，即人在某种特定情境里进行或实施某一特定的行动，对行为结构所做的预期意向，因此行为意向与行为有直接的关联。Carmeli 等（2006）则指出，意愿是一种心理状态，即为实现某种目标而愿意将精力和时间等投入的状态。Jin（2007）认为，创新意愿是个体愿意创新的动机和愿望的强度。企业的创新意愿存在于企业家和员工中，是他们对创新的一种认可态度并愿意为创新投入时间、精力、行为的心理状态。国内很多研究者倾向于把创新意愿分为企业、个体两个层次，对两者创新意愿的研究有所侧重，个体的行为意向是关键变量。苏敬勤和耿艳（2014）强调企业的创新意愿是衡量企业家对创新的接受程度及为创新投入的时间、精力和行为的心理状态。杨晶照等（2011）提出，个体的创新意愿对企业创新行为起决定性作用，并共同促进企业创新行为的产生。赵斌等（2013）指出，对于科技人员，创新意愿中的知觉行为控制、行为态度、主观规范等因素直接影响其创新行为。Bandura（1997）认为，个体的创新意愿是创新行为发生的决定性因素。胡婉丽（2013）提出，创新行为和创新意愿间存在显著的关联。韩飞和许政（2012）研究认为，个体创新意愿在很大程度上是企业创新意愿的呈现，甚至是其代表，如果企业创新意愿强，那么该企业将施行更多的创新活动。赵会霞（2009）也得出同样的结论，企业的创新意愿是决定企业创新活动发生的直接内在动因。骆大进等（2016）认为，企业是市场主体和经济的基本细胞，为市场的健康成长提供着基础支撑。企业要创新，需要有市场这一重要媒介的驱动，给予企业家勇气来主导创新。企业家作为企业的"家长"，自然是技术创新活动的主导者，没有企业家的创新意愿，企业很难进行创新。企业家是否愿意创新，关键看创新能否带来效益。支持和引导企业进行创新，关键是要积极建构有利于激励创新的市场体系和促进创新的经济制度，让企业家想创新、敢创新、能创新，并在创新过程中实现经济回报。企业的存在是以能在市场竞争中赚得利润为前提的，而逐利的同时往往会伴随着不公平的竞争，市场制度的存在就是要让企业有公平的竞争环境，企业的创新也有市场经济制度和竞争规则的呵护，让更多的"创新者"拥有公平竞争的市场环境，并在其中大显身手。由此看来，创新意愿在制度创新、技术创新中都存在着某种驱动作用，也可能在制度创新与技术创新之间发挥着某种中介效应。

<h1 style="text-align:center">二、企业内部制度安排与企业外部制度
环境关系假设</h1>

段云龙（2008）指出，制度结构是一个系统，在这个系统中有不同的制度绩效，其内在关联体现为制度结构的效率由单项制度安排效率决定，可这并不意味着制度结构效率是单项制度安排绩效的单纯数量之和，实际上制度结构效率是单项制度安排绩效通过相互作用的系统而构成，因而，企业的内部制度安排与外部制度环境是相互依存、相互关联、相互支撑的关系。通常情况下单项制度安排效率高，且系统中各单项制度绩效匹配与协调，制度系统的功效就最优、最大。袁庆明（2003）强调，制度结构效率是个复杂的综合体，制度耦合、制度冲突以及制度真空在其间共同发生作用，从而影响并决定制度结构效率。当制度耦合发生时，制度结构的内部制度安排与外部制度环境之间、内部制度安排的各子系统之间、外部制度安排的各子系统之间不存在矛盾，没有冲突的情况，这就促使制度结构实现整体功能的最大化，由此其效率也达到最大值，那么这种制度结构最优且效率最高。这样的例子很多，如企业的正式制度安排与非正式制度安排、内部制度安排与外部制度环境、内部制度安排之间的耦合情形。通常情况下，企业的制度结构具有高效率值，那么这个企业的技术创新能力就强，否则企业技术创新能力就弱，这将严重制约该企业的转型升级。有鉴于此，我们认定企业内部制度安排与企业外部制度环境两者构成双向而非单项，且互为因果而非彼此分离的紧密关联。由此，提出如下假设：

H1：企业内部制度安排与企业外部制度环境之间存在正相关关系。

三、企业内部制度安排与创新意愿关系假设

已有的企业内部制度安排与创新意愿关系的探讨均表明，具有创新特征的企业内部制度安排对企业的创新意愿具有直接而正向的作用、深入分析发现，企业的内部制度安排对创新意识的促发因素是多维度、多层面的，如企业产权制度的激励、企业技术创新管理制度的促进、企业文化的影响（段云龙，2008）等。而Freeman（1982）、Nelson（1986）及Lundvall（1985）不仅赞同技术创新与制度创新两者的互相促动，还将两者整合考量，提升为所谓的"国家创新系统理论"。以上探讨的实际上是企业内部制度安排与企业创新意愿的正向因果关系，这一论断同样适用于西部资源型企业。由此，提出如下假设：

H2：企业内部制度安排正向影响创新意愿。

（一）产权制度与创新意愿关系假设

North 和 Thomas（1973）提到，产权的界定与保护在处理个人与社会收益的关系中发挥重要作用，创新主要源自个体的自发性且这种自发性的概率很小。吴敬琏（2002）强调，归属清晰、权责明确、保护严格、流转顺畅的产权制度是市场经济和相关制度安排的基础。当前，中国的经济或者中国的企业面临着一个共性问题，那就是有相当一部分企业家对自己的财产没有安全感，他们对企业的发展前途没有稳定的预期，从而导致其本人或者其企业没有创新的意愿，或者说是创新意愿低落。企业家存在的这种担忧，原因是多重的，其中的关键是我国的产权保护制度还有待进一步健全和完善，如《孟子》中云："有恒产者有恒心，无恒产者无恒心。"由此，提出如下假设：

H2a：产权制度正向影响创新意愿。

（二）技术创新管理制度与创新意愿关系假设

Jin（2007）认为，创新意愿是在一定情境下个体愿意创新的动机和创新愿

望的强度。苏敬勤（2014）则强调企业的创新意愿是指衡量企业家对创新的接受程度及为创新投入的时间、精力和行为的一种心理状态。执行意愿是 Gollwitzer 在计划行为理论的基础上发现的一个新的认知机制，是意愿的进一步细化，指具体的计划和对时间、地点及如何执行问题的处理，是意愿与行为之间的调节器。共同意愿是指利益相关的多方共同形成的意愿。苏敬勤还指出，当企业的管理制度有利于创新或者愿意支持创新时，则从一个侧面反映出企业家对创新的接受程度，同时这种制度可以保障创新投入的时间和精力。因此，可以认为，技术创新管理制度与企业创新意愿之间存在很大的关联性。由此，提出如下假设：

H2b：技术创新管理制度正向影响创新意愿。

（三）企业文化与创新意愿关系假设

任何一家企业都不能没有企业文化，拥有优秀文化的企业必然拥有良好的环境，可提高员工的综合素养，让企业既具有较强的凝聚力、向心力，也具有较强的约束力，为企业发展提供精神动力和相应的行为规范、道德规范，对企业的生产起到积极的促进作用，提升资源配置的有效性，提高企业的市场竞争能力。当企业文化中注入创新的精神时，创新的血液自然将流淌到企业的每一个角落，把企业所有要素都联系、凝聚起来，形成敢创新、愿创新的良好氛围，从而优化企业经营管理，培育员工的创新意识，提升企业的生产与经营管理能力，推动企业制度创新，促进企业管理由以物为中心向以人为中心转变，使企业在遇到困难和挫折时变压力为动力、化危机为生机。企业的活力就是企业文化建设与企业文化创新，它是企业核心竞争力的源泉。由此，提出如下假设：

H2c：企业文化正向影响创新意愿。

四、企业外部制度环境与创新意愿关系假设

企业外部制度环境与创新意愿关系的研究中，大多数学者都认为企业外部制度环境同样对企业的创新意愿具有直接影响，且在实证研究中也有体现。企业外

部制度环境中的国家宏观管理制度、专利制度保护、市场制度调节等多重因素共同影响创新意识的养成（段云龙，2008）；柳卸林和陈傲（2012）指出，技术创新离不开市场制度，因为市场制度使创新的培育在一种自发的状态和自组织的过程中发生。向刚（2006）指出，专利制度通过优化创新资源配置，能直接降低企业的技术研发成本以及研发过程的各种不确定性，进而在一定程度上保障企业收回研发成本，激励企业形成技术创新的良性循环及创新热情。综上可知，企业外部制度环境影响着企业创新意愿，这一结论同样适用于西部资源型企业。由此，提出如下假设：

H3：企业外部制度环境正向影响创新意愿。

（一）市场制度与创新意愿关系假设

骆大进等（2017）认为，企业是市场主体和经济的基本细胞，为市场的健康成长提供着基础支撑。一个良好的市场环境、一个通过创新或将为企业带来更好收益的预期，将为企业家投身或支持创新提供勇气，从而引领其企业进行创新。作为企业的实际领导者，企业家的创新意愿是否强烈，影响着企业的创新意愿和创新实践。要积极建构有利于激励创新的市场体系和促进创新的经济制度，让企业家想创新、敢创新、能创新，并在创新的过程中实现经济效益、得到经济回报。企业以盈利为主要目标，盈利也是其存续的基本条件，在这个追求利润、赢得生存空间的过程中往往会伴随着不公平的竞争。市场制度的存在，就是要让企业有一个公平的营商环境和竞争环境，让企业有生存发展的空间，从而让企业有创新的动力。打造良好的市场制度和规则，让更多的创新者拥有一个公平竞争的市场环境，并在其中大显身手，也将提升企业的创新意愿。由此，提出如下假设：

H3a：市场制度正向影响创新意愿。

（二）专利制度与创新意愿关系假设

专利制度是一种专门的制度设计，它通过政府的立法手段使企业的专利产品免于不法侵害。专利制度基于经济利益的刺激使企业提升创新意愿。如果缺乏该制度安排，企业研发的产品和技术就得不到保护，在巨额利润的刺激下，许多厂商会通过模仿的方式生产该产品，甚至在该技术的基础上进行再创新，使企业丧失技术优势，企业的创新收益被模仿者瓜分殆尽。企业投入的巨额研发资金以及承担的巨大创新风险与所得创新收益不相称，也就没有了创新动力。所以，专利制度切实保障了企业的新技术所有权，在专利保护期间，企业就能从技术创新中获得丰厚的利润。有了这种利润的刺激，技术研发和创新就将逐渐形成风气，众多的企业都将被吸引进来参与竞争，形成良性互动的研发氛围。由此，提出如下假设：

H3b：专利制度正向影响创新意愿。

（三）宏观管理制度与创新意愿关系假设

创新的实质是破坏现有的规则而创造新规则，支持和鼓励创新要求对其可能带来的"破坏"有更加灵活的应对，对创新提出的新制度需求有更加果断的决策。企业创新能力能不能产生良性的结果，使企业行稳致远，必须要考虑如何处理好市场、政府之间的关系，加快构建政府、市场、社会多元共治的完善的创新治理体系。长期以来，政府、市场、社会在创新发展中的定位不清晰，企业、高校、科研院所各类创新主体错位、越位、缺位现象普遍存在。对此必须有清醒的认识，要及时适应新的历史时期所面临的新形势，建立更加明晰的、更具包容性也更灵活的治理机制，在促进创新、鼓励创新、实现创新上下功夫。要积极转变政府职能，从关注科技转向强调创新，从注重管理转向完善治理，尤其是加快从政府直接驱动科技创新逐步转为由功能性平台主导推进创新创业、服务创新创业。政府要从整体的视角来研究创新的各个环节，并设立连通这些环节的功能性平台，引导建构和培育相应的创新服务机构，以市场最认可、企业最需要的方式推进技术成果转移转化。要着力改革创新导向的经济制度体系、优化科技投入和创新资源配置、调整人才工作机制等，建立健全激励创新的税收、贸易、技术和人才制度，构建完善的市场制度、创新政策和政府监管"创新三角"，最大限度为企业实现创新的远景保驾护航。综上所述，政府的宏观管理制度对企业的创新意愿产生影响。由此，提出如下假设：

H3c：宏观管理制度正向影响创新意愿。

五、创新意愿与企业技术创新能力关系假设

创新意愿的定义比较多，Ajzen（1985）认为，意愿可理解为一种行为意向，即一个人在某种情境中实施某一特定行动所预期得到某种结果的意向，因此行为意向与行为有直接的关联。吕君（2020）认为，行为意愿是微观行为主体从事某行为的主观动机和愿望程度，是影响主体从事某行为的直接原因，反映了行为主体是否愿意为之付出努力以及付出努力的程度。创新意愿是创新主体对于创新资源获取的态度，以及对于进行技术研究和开发的主观倾向，以一种无形却有力的方式影响创新行为的开展，因此可以将创新意愿理解为个体对于创新行为和活动的态度，彰显了个人对于创新的积极性以及创新过程中对待各种不确定性的把控力。赵会霞（2009）提出，企业的创新意愿是决定企业创新活动发生的直接内在动因。杨晶照等（2011）提出，个体的创新意愿对企业创新行为起决定作用，并共同促进企业创新行为的产生。韩飞和许政（2012）指出，企业创新意愿强，那么该企业将施行更多的创新活动。

企业的创新意愿是衡量企业是否愿意采取创新行为的主观因素，是企业愿意采取创新行为的主观愿望。企业在一定情境下是否以积极的心态通过创新性的思路或方式方法自觉开展创新行为，决定着其创新意愿的强度。因此，企业创新意愿越强烈，实施创新行为的概率越大，企业创新绩效也会越明显。本书着重考量企业创新意愿与企业创新能力相互作用的内在机理、两者的相互作用在制度结构与企业技术创新能力间的作用发挥机制，而不是创新意愿的影响因素。由此，提出如下假设：

H4：创新意愿正向影响企业技术创新能力。

六、企业内部制度安排与企业技术创新能力关系假设

有效的制度重于资源禀赋。制度配套缺失或者管理落后，会使大量的资源闲置和浪费，人不得尽其才、物不得尽其用、地不得尽其利。王涛生（2013）认为，庞大的制度机构不仅维持成本高，而且因制度无序而造成浪费。因而，企业应当建立高效的企业制度，通过自身的创新，用高效率的制度来促进和带动企业效益的高质量增长。制度可以约束企业的发展，所以，要从制度创新的视角来审视企业创新发展的动力诱因。企业面临着多元的产业结构、企业文化，要实现企业效益的飞跃，就必须对不合理的制度进行变革，建立产权清晰、权责明确、政企分开、管理科学的现代企业制度，把企业改革引导到制度创新的轨道上来。制度创新是生产要素合理流动和优化组合的需要，企业内部制度安排对企业技术创新能力有着正向影响。由此，提出如下假设：

H5：企业内部制度安排正向影响企业技术创新能力。

（一）企业内部制度安排与企业技术创新能力技术绩效关系假设

顾巍（2005）指出，制度创新与技术创新的关系是生产关系与生产力之间的关系。制度创新是技术创新的内在要求，也就是说一定的技术创新要求有一定的制度创新与之相适应。制度的作用就是在不确定的环境中减少不确定性因素，从而促进技术创新的发展。拥有规范稳定制度安排的企业可引导、激励、调整企业技术创新，制度创新为技术创新提供了动力机制。此外，制度创新是有成本的，也有投入产出的效率问题，需要相应的管理过程。由此，提出如下假设：

H5a：企业内部制度安排正向影响企业技术创新的技术绩效。

（二）企业内部制度安排与企业技术创新能力人才与管理绩效关系假设

技术创新能够为消费者创造新需求，而要确保技术创新的核心地位，就需要突破制度障碍。王涛生（2013）指出，制度落实根本上是意识问题、投入问题和

人才队伍建设问题，通过各种企业管理制度的搭建，来保证人才发挥创造性。企业创新的关键是人的创新，因此，要通过制度的设计和管理的创新，把人才的积极性、竞争力体现出来。还要通过体制、机制创新创造良好的发展环境，吸收优秀的文化和管理制度，并持续下去，以使企业获得突飞猛进的发展。由此，提出如下假设：

H5b：企业内部制度安排正向影响企业技术创新的人才与管理绩效。

（三）企业内部制度安排与企业技术创新能力资本绩效关系假设

制度创新可以遏制投资膨胀。在市场经济中，任何资金的持有者想进行投资，都要在前期对相关的成本、收益和前景进行评估和测算，只有当预期收益高于同期的较为稳定的金融产品时，资金的持有者才愿意进行投资。没有风险约束机制，自然不宜贸然投资，企业内部相应的制度安排将对企业投入的资本造成影响。由此，提出如下假设：

H5c：企业内部制度安排正向影响企业技术创新的资本绩效。

（四）产权制度与企业技术创新能力关系假设

产权，按照新制度经济学家 Furubotn 和 Pejovich（1972）的理论，并非指人与物的关系，其真正要义在于基于物的存在与使用所构成的人与人之间的正式行为关系。产权制度属于制度结构范畴的内容之一，是一种具有法律意义的惯例，它规范着人们对资源和财富的使用、占有、转让、支配等活动，这些活动显然是一个连贯的内在联系的统一体。对于企业而言，产权具有规范的功能，对企业技术创新能力有直接影响，所以产权制度对产权主体的重要性不言而喻。此外，North 和 Thomas（1973）提到，产权的界定与保护在处理个人与社会收益的关系中发挥重要作用，创新主要源自个体的自发性，且这种自发性的概率很小。制度因素对经济增长起决定性作用。正是由于制度的创新，实现了技术的突破和资本的累积，带动了教育水平的持续向上发展，从而带来更大的经济增长。王涛生（2013）认为，产权的界定、产权法律体系的健全、产权实施与保护等的有效性程度，都对产权制度的实行产生关键影响。技术的发展由于制度的进步而加速，如果没有促进技术发明的制度的建立，技术进步就不可想象，同时技术进步对制度的创新也具有促进作用，如降低制度安排的成本等。由此，提出如下假设：

H5d：产权制度正向影响企业技术创新能力。

（五）技术创新管理制度与企业技术创新能力关系假设

技术创新管理制度是企业技术创新的关键，坎菲（1998）认为，技术创新管理制度是企业研究与开发的制度化、内部化，企业技术创新能力的关键动力源即是技术创新管理制度，企业的研发部门自然就成为企业最具有象征意义的部门。段云龙（2008）指出，制度的构建是实现企业技术创新的前提条件，基于这样的逻辑，在技术创新管理的制度化过程中，技术研发必然是企业极度重视的计划，创新意识因而被称为企业和职工的核心理念。这一理念凝聚起员工的创新力量，保障企业能持续产生新的创新项目。技术创新管理制度本质上要求企业设置单独的部门开展技术创新的管理工作，其中的管理者必须对创新的法律法规政策非常熟悉，还要有保护创新的理念及行为。可以说，技术创新管理制度是企业技术创新能力的前提保障。由此，提出如下假设：

H5e：技术创新管理制度正向影响企业技术创新能力。

（六）企业文化与企业技术创新能力关系假设

学界对企业文化有不同的认识，Kotter 和 Heskett（1992）指出，企业文化一般指一个企业的价值观念和经营实践，且在企业中各个部门形成共识，或至少是在企业高层管理者中形成共识。Sherriton 和 Stern 等（1997）指出，企业文化实际上是企业氛围，并将企业文化分为四个方面：①由企业管理团队的作风和观念构成的管理理念；②企业员工所共有的价值取向、价值观念以及行为等外在表现形式；③由外部和内部的规章制度和管理程序所构成的标准化的管理体系；④程序化的管理标准与流程。Ouchi（1981）提出，企业的文化源自传统，企业的风格通过企业文化来表现，这些风格形成模式，模式由管理者向员工传递和发挥影响。陈燕和邓旭（2003）将企业文化归纳为一种价值和规范，以此将企业中各要素凝聚在一起，形成固定的观念、习惯与作风的综合体。就企业创新文化的内核而言，经营理念、价值观、企业精神都是核心影响因素，正如 IBM 公司创始人

Watson 指出的，企业精神及企业目标是比其他因素都重要得多的影响企业经营和发展的要素。企业文化对企业持续性技术创新产生重大的影响和作用。由此，提出如下假设：

H5f：企业文化正向影响企业技术创新能力。

七、企业外部制度环境与企业技术创新能力关系假设

制度问题是中国企业管理的核心问题，制度是企业活动的规范和规则，企业的所有活动都受外界的制度环境所影响。大部分企业不可能只从内部就产生足够的资源，来满足其创新能力提升的需求。企业通过与外界的其他主体进行互动，从外部环境中探索并挖掘可以利用的新资源，即突破原有组织边界的限制来寻求外部环境中所存在的机会和资源并挖掘出潜在的战略优势。为此，企业的内部制度安排必须与其外部制度环境建立起适当的联结关系，随后以合作方式来实现组织间的关联互动。通过这种跨组织边界的资源转移活动，企业可以和外部主体共同解决问题。可以是企业间的契约合作，也可以是政府或其他公共组织引导的合作，通过建立正式的沟通和交互机制、制度以及平台，完成技术的合作、转让，来支撑企业创新能力的提升。由此，提出如下假设：

H6：企业外部制度环境正向影响企业技术创新能力。

（一）企业外部制度环境与企业技术创新的技术绩效关系假设

企业所追求的发展并在此过程中所做出的各种决策和决定，其实质就是去获得新的资源或资本（可以是物质的也可以是非物质的）来促进企业创新能力的提升。不同的企业可能在决策过程、活动形式、方法路径上有一定差异。在现代市场竞争中，制度要素是企业最为根本的、长期的、持续的发展动力。对制度环境作用的分析不仅是提升创新能力的核心，而且是保证这项组织活动顺畅进行的基础。企业技术创新能力的提升需要考虑来自制度环境的支持和保障。由此，提出如下假设：

H6a：企业外部制度环境正向影响企业技术创新的技术绩效。

（二）企业外部制度环境与企业技术创新的人才与管理绩效关系假设

企业制度结构变化需要根据市场变化作出相应调整。它是不同所有者和利益相关者为克服市场障碍作出的正式或非正式的制度安排；而人作为创新的具体实施者，必须能够直观地从制度中寻得个人发展或实现个人价值的机遇，并通过制度得到保障，才能有创新的动机和动力。企业外部制度环境可以给予参与创新的人才相应的社会评价和社会效益，从而引导和刺激人的创新潜能。另外，还可以约束超过自己能力或价值的不切实际的愿望或追求，使创新行为符合法律和道德常理，不突破人伦底线。由此，提出如下假设：

H6b：企业外部制度环境正向影响企业技术创新的人才与管理绩效。

（三）企业外部制度环境与企业技术创新的资本绩效关系假设

陈泽明和付红玲（2015）强调，对外部环境进行分析是制定企业战略的根本前提，企业必须敏锐地洞察未来一段时期内会有什么样的宏观环境因素，以及会给公司带来哪些重大影响或潜在变革，它是企业经营决策的基础。企业对外部环境分析的正确与否，直接关系企业决策层对企业投资方向、营销策略、公共关系等一系列生产经营活动决策的成败。研究企业外部制度环境有利于企业发现新的市场机会，及时采取措施，科学把握未来新的经营机会，从而使企业取得竞争优势和差别利益或扭转所处的不利地位。按照共同基金定理，资金的所有者应该把资本分散到相应的企业里以减少资金风险，企业应当最大限度地去吸收资金支持企业发展。良好的外部制度环境将让资金的持有者更放心地将所持资金投入到相关企业中，相关企业也更容易从投资者手中获得资金支持。在此过程中，用于支持企业技术创新的投资也将增加，投资的回报将有较为明朗的前景。由此，提出如下假设：

H6c：企业外部制度环境正向影响企业技术创新的资本绩效。

（四）市场制度与企业技术创新能力关系假设

市场制度是指市场经济体系内在的相关因素及制度之间的运行与连接机制。

市场制度对企业创新的影响之大是众所周知的，Nelson（1986）提出，市场制度是技术创新制度结构的有机部分，同时市场制度是技术创新的动力所在，它甚至能在一定程度上规避技术创新的某些风险。柳卸林（1993）特别强调了市场制度之于技术创新的重要意义。市场自身就是一个创新过程。市场参与者瞄准消费者的需求，通过各种方式和手段进入市场生产并创新。虽然创新有风险，但市场的刺激和优胜劣汰能自动促使企业或个人去创新。正是由于市场能够带来创新成功而导致高收益的期望，因而能诱使许多人不断创新，市场可以减少技术创新的不确定性，使参与者找到创新的有效方法，从而提高创新效率。创新的目的是服务消费者，市场通过消费者来检验企业创新成功与否，同时达到引导创新的目的。由此，提出如下假设：

H6d：市场制度正向影响企业技术创新能力。

（五）专利制度与企业技术创新能力关系假设

专利制度能在创新资源的配置中发挥作用，这个内在机制体现在，专利制度通过其专有的信息渠道，使企业能够分享和利用信息资源，促进企业相互了解，规避低水平同质化的重复研制，促进和优化创新资源的高效率配置。专利信息已成为企业开展技术研发不可或缺的信息内容，企业有效地运用专利信息，就可以抢占技术研发的制高点，确定研发方向。当然，这也可以有效地降低研发成本，减少创新过程中的不确定性。专利制度还可以帮助企业收回研发成本，在此基础上刺激企业不断开展新的技术创新工作。由于专利制度能使企业获得丰厚的创新回报，因而不仅不会使企业松懈技术研发，实际上还刺激管理者进一步加大投入，为免于被赶超而开展新的技术研发，以获得更大的经济收益。专利制度是企业技术创新的重要保障和基础条件，其在企业持续性技术创新中的角色是不可替代的。由此，提出如下假设：

H6e：专利制度正向影响企业技术创新能力。

（六）宏观管理制度与企业技术创新能力关系假设

宏观管理制度是国家和政府的制度设计，在全球化深入发展的今天，在企业竞争日益激烈的背景下，这种制度设计在市场体系中占据日益重要的地位。

政府为实现企业技术创新能力的提升，实施了包括促进创新合作、税收优惠、教育及培训在内的一系列制度，这些制度成为政府促进技术创新的重要政策工具。政府实施研究开发资助和税收优惠政策的主要目的是提高创新者的收益率，以刺激和强化企业开展技术创新的意愿和行为。但创新收益率与社会收益率之间存在较大的差距，为了促进研究开发与技术创新活动，政府通过一定的资助或税收优惠，进一步提高研究开发和技术创新者的收益率。这一做法是与专利制度相互补充的、有利于技术创新的制度安排。

人才是创新的关键所在，人的创新能力和创新精神对创新绩效有着巨大影响，而人的创新素质的获取与提高，最重要的一环是一个国家或地区的教育培训政策安排。

教育培训制度在企业创新中的作用机制：一是使企业获得创新的知识储备；二是提高企业的自身学习能力。企业的创新是一个不断学习、不断积累的过程，在干的过程中坚持学习。教育培训制度实际上同时促进了企业自身学习能力和累积与改进潜力的发掘，于企业创新有再造之功。

为了促进企业间或者企业与其他创新主体间的协同创新，政府可以建立或促成一些合作机构，推动产学研结合，造就知识创造、传播和应用的协同创新体。以往人们对技术创新的认知要么由基础科学推动，要么由市场需求推动，因而技术研发多由单个企业完成。但是在今天的市场环境下，技术研发所需的资金越来越多，技术越来越复杂，当今的创新不仅集成了基础研究的推动、市场需求的拉动，还集合了供应商、分销商、竞争对手、顾客等多个相关创新主体，因而技术创新具有明显的系统集成性和组织网络性。凭借单个企业进行创新的难度较大、风险较高，多个不同的机构、组织合作，既可以起到解决巨额研发资金需要、分散研发风险的作用，还可以发挥不同机构优势互补、互相学习的作用，有效增强企业技术创新能力。由此，提出如下假设：

H6f：宏观管理制度正向影响企业技术创新能力。

八、企业内部制度安排、企业外部制度环境、创新意愿、企业技术创新能力之间关系假设

在当今的社会体系中，如果企业外部制度环境和企业内部制度安排不利于企业的技术创新能力提升，那么即使拥有再大的创新意愿，也会由于缺少相应的制度支持而无法对技术创新行为进行激励、保障与促进。基于制度理论和创新理论，并不是所有制度与创新之间都是直接或直线性的作用，创新意愿完全可以发挥中介纽带的功能。由此，提出如下假设：

H7：创新意愿在企业内部制度安排、企业外部制度环境与企业创新能力之间起中介作用。

本书的研究假设汇总如表4.1所示。

表4.1　研究假设汇总

序号	假设
H1	企业内部制度安排与企业外部制度环境之间存在正相关关系
H2	企业内部制度安排正向影响创新意愿
H2a	产权制度正向影响创新意愿
H2b	技术创新管理制度正向影响创新意愿
H2c	企业文化正向影响创新意愿
H3	企业外部制度环境正向影响创新意愿
H3a	市场制度正向影响创新意愿
H3b	专利制度正向影响创新意愿
H3c	宏观管理制度正向影响创新意愿
H4	创新意愿正向影响企业技术创新能力
H5	企业内部制度安排正向影响企业技术创新能力
H5a	企业内部制度安排正向影响企业技术创新的技术绩效
H5b	企业内部制度安排正向影响企业技术创新的人才与管理绩效

续表

序号	假设
H5c	企业内部制度安排正向影响企业技术创新的资本绩效
H5d	产权制度正向影响企业技术创新能力
H5e	技术创新管理制度正向影响企业技术创新能力
H5f	企业文化正向影响企业技术创新能力
H6	企业外部制度环境正向影响企业技术创新能力
H6a	企业外部制度环境正向影响企业技术创新的技术绩效
H6b	企业外部制度环境正向影响企业技术创新的人才与管理绩效
H6c	企业外部制度环境正向影响企业技术创新的资本绩效
H6d	市场制度正向影响企业技术创新能力
H6e	专利制度正向影响企业技术创新能力
H6f	宏观管理制度正向影响企业技术创新能力
H7	创新意愿在企业内部制度安排、企业外部制度环境与企业创新能力之间起中介作用

九、本书理论模型

基于上述分析，可以得出本研究的理论模型（见图4.3）。

通过所建立的理论模型，本书试图揭示以下五个问题：①企业内部制度安排和企业外部制度环境同属于制度结构的范畴，但各有特质，又有联系，甚至存在着相互作用的正相关关系。②上述两个制度结构的变量正向影响着创新意愿。③创新意愿的本质是工作态度的反映，具体可视为一种自我应对的态度，这种态度产生的条件是：对企业外在制度环境的感受和对企业内在制度安排的感知，这种态度所形成的意识效用有利于促进员工投入到企业的技术创新中。④良好的企业内部制度安排，合理的企业外部制度环境，再加上同样重要的员工个体的强烈创新意愿，三者对于企业技术创新能力的提升缺一不可。⑤在企业的技术创新能力提升中，合理而科学的制度结构将产生巨大的正面影响效果。

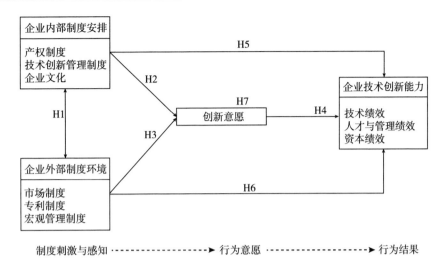

图 4.3　本书的理论模型

第五章 研究设计和研究方法

一、变量定义与测量

（一）研究变量的操作性定义

本研究涉及自变量、因变量、中介变量三类。

1. 自变量

（1）企业内部制度安排，即企业内部管理的相关正式制度和非正式制度。包括产权制度、技术创新管理制度、企业文化3个二阶变量。

（2）企业外部制度环境，即企业外部的各类正式制度和非正式制度。包括市场制度、专利制度、宏观管理制度3个二阶变量。

2. 因变量

企业技术创新能力，即企业在多大程度上能够系统地完成与技术创新有关的各项活动的能力。包括技术绩效、人才与管理绩效、资本绩效3个二阶变量。

3. 中介变量

创新意愿，即企业及其员工在多大程度上有意愿去参与技术创新相关活动。定义为一阶变量。

（二）自变量测量

根据新制度经济学的基本理论及前文所分析的制度与企业创新能力的作用机理和资源型企业制度结构的主要特征，从产权制度、技术创新管理制度、企业文化三个层面对企业内部制度安排进行测量；从市场制度、专利制度、宏观管理制度三个层级来评价企业外部制度环境（见表5.1、表5.2），从而构建出资源型企业技术创新制度结构的相对质量与有效程度。在设计该指标体系时，主要考虑如下三点：第一，每个指标的测量能最大限度地反映制度有效程度的某一方面的某种特征或特性。第二，指标必须是可以进行度量的，且可直接获取数据，不能以主观判断代之。对于重要指标，在缺乏统计数据的情况下可使用网上调查数据。第三，个别暂时缺乏数据或数据可信度较低的指标仍在指标体系中列出，以便体现制度测量指标体系的完整性。

表 5.1　企业内部制度安排测量具体指标

二阶变量	测量项	参考文献
产权制度	产权制度是否有效运行 产权激励机制对产权主体是否提供了有效激励 产权约束机制对产权侵害行为是否提供了有效约束 股东的权利与义务是否被很好地界定 委托代理的权、责、利关系是否明晰 交易者合法权益的保护程度 产权制度的实施机制是否有效 产权主体的权益能否依法实现 产权契约的履行程度	王涛生（2013） 向刚（2006） 吴敬琏（1999）
技术创新管理制度	企业制度是否有利于企业竞争力持续提高 企业激励约束相容机制是否有效 管理者能否被有效激励 劳动者能否被有效激励 股东的价值是否被有效率地管理 生产激励机制是否确实有效 全员劳动生产效率 劳动生产增长效率 研发制度是否对研发者提供了有效激励	高辉（2017） 青木昌彦（2001） 吕剑龙（2002） 李玉虹（2001） 何丰（2004）

续表

二阶变量	测量项	参考文献
技术创新管理制度	R&D 投入占 GDP 的比重 三项专利批准数占研发投入（百万元）的比例 人均创新率 总成本能否有效控制 劳动力成本	高辉（2017） 青木昌彦（2001） 吕剑龙（2002） 李玉虹（2001） 何丰（2004）
企业文化	企业支持通过实验和原始路径来解决问题 企业强调设计独有的新的生产过程和方法 企业倾向于采取大胆而冒险的决策 企业管理团队更偏好可能获得高回报的高风险项目 企业倾向于采取积极行动来迅速地抓住机会而非守旧 企业倾向于成为目标市场的施行者	高辉（2017） 李怀和时晓红（2014） 时晓红（2014）

表5.2　企业外部制度环境测量具体指标

二阶变量	测量项	参考文献
市场制度	交易的法律体系是否健全 交易法规是否有利于公平竞争和促进商业运营 交易成本能否有效控制 交易效率能否有效提高 企业内交易成本能否有效控制 企业内交易成本占企业总成本的比重 市场交易成本能否有效控制 通信、运输及仓储费用占成本的比重 广告费用占成本的比重	王涛生（2013） 高辉（2017） 顾巍（2005）
专利制度	版权盗用程度 产权保护程度 物质产权保护程度 知识产权保护程度 执法强度 保护强度 激励强度	许邦国和朱慧（2014） 郑晓红（2013） 董静（2004）

续表

二阶变量	测量项	参考文献
宏观管理制度	财政对基础设施建设的支持是否满足经济发展的需要 财政对教育与科技研发的投入是否适应经济发展的需要 财政政策对产业发展的支持程度 企业是否容易从银行获得信贷 金融机构是否为企业提供了足够的融资 风险资本能否为企业创新与发展提供便利 金融机构的透明度是否在当地经济中广泛达成 产业制度安排是否有利于投资便利化 产业立法是否有利于公平竞争 私营企业在重点产业投资中是否享受同等待遇 劳动立法是否会阻碍企业经营活动 失业立法是否可对寻找工作提供支持 公平分配是否成为当地政府优先关注的事项 廉政法规体系的健全程度 廉政机制对官僚腐败的治理力度 政府的廉洁程度 政府行政的效率与透明程度 政府对企业的干预程度	王涛生（2013） 段云龙（2008） 王大洲（2001） 袁庆明（2003） 张文博（2005）

（三）因变量测量

资源型企业技术创新能力是企业内生性创新要素和外部创新环境要素交互作用的结果。构建企业技术创新能力评价指标体系方法如下：首先，所选择的评估指标要有代表性、系统性和完整性，并且能通过定性、定量分析和综合考核评价，得出科学合理、真实客观的结果。其次，建立资源型企业技术创新能力评价指标体系的目的是对企业创新工作进行细分和量化，为政府出台鼓励企业创新政策提供决策依据，从而为政府鼓励企业进行创新做好指导。再次，评价指标体系建立的目的主要是能有效、准确、方便地评价企业技术创新能力。这就要求所建立的指标体系及其评价方法具有实用性和可操作性，指标所涉及的企业数据易采集，计算公式简洁，评价过程简单，利于掌握和操作。最后，指标体系的设置避免形成庞大的指标群或层次复杂的指标树，要尽可能选取影响权重最高、具有代表性的综合指标和专业指标，从而比较准确、科学合理地表述所涵盖的内容。

基于上述原则，资源型企业技术创新能力评价指标体系的构建应分两步。第一步，以科学性、导向性、渐进性原则为导向，放松可比性和可操作性原则，构建充分非必要条件下资源型企业完备评价指标体系，尽可能全面地收集可用的指标，以供下一阶段筛选；第二步，以企业现实数据为基础，通过专家审议、模型筛选，约简重构指标体系，得到充分必要条件下的资源型企业技术创新能力评价指标体系（见表5.3）。

表5.3　资源型企业技术创新能力测量具体指标

二阶变量	测量项	参考文献
技术绩效	专利及科技成果相对数 获奖成果相对数 千人研发人员拥有专利数量 千人研发人员拥有论文数量 企业科技机构相对数 企业仪器设备采购强度 企业 R&D 项目相对数 理论与技术导入能力（新聘员工培训时间） 工艺技术手段完备情况（企业外包业务环节比重）	陈泽明和付红玲（2015） 崔总合和杨梅（2012） 张凤武（2002）
人才与管理绩效	自动化生产水平（生产线员工比重） 企业创新激励机制建设水平（研发人员劳务支出比重） 企业创新战略目标的清晰程度（新产品研发成功率） 科技体系与创新载体情况（负责创新的部门或机构经费比重） 管理人员创新意识（企业管理制度改革频度） 企业工程技术人员比重 企业科技活动人员比重 员工培训和学习频度 研发人员的年总收入增长率 员工的信息技术水平 研发人员观念素质（硕士学历人员比重） 研发人员忠诚度（年离职率，反向指标） 员工满意度（年收入增长率） 研发人员晋升制度的完善程度（管理层人员由企业自身培养的研发人员比重）	陈泽明和付红玲（2015） 杨连生（2012） 尹晓波（2011） 张凤武（2002）
资本绩效	企业研发经费支出比率 资本创新效率（专利产出效率） 研发人员投入比重 研发设备投入比重 外部科研经费筹集能力	赵丰义（2010） 赵会霞（2009）

（四）中介变量测量

技术进步、不断变化的全球化市场、不断增加的竞争压力、不断变化的消费者需求和更短的产品生命周期 5 个因素可定义为创新意愿的要素。杨晶照（2011）、张超（2012）等设计了相关的题项，本书对创新意愿的测量主要参考这些研究成果来构建指标。

表 5.4 企业创新意愿测量具体指标

一阶变量	测量项	参考文献
创新意愿	技术进步驱使企业推出新产品/新技术 技术进步驱使企业思考新的商业模式和管理模式 竞争对手抢夺消费者 竞争对手争夺利润 消费者不满足于现有产品和服务 消费者经常会有新的需求，产品周期变得更短 要跟上新产品发展的脚步 本人拥有创新意愿 本人拥有创新行为	杨晶照等（2011） 张超（2012）

二、问卷设计

单一题项界定的概念相对狭窄，而复杂的问题及现象的度量需要通过多个题项完成，要增加信度，则需要多个题项在变量测量中具有一致性，因此，提高度量的信度与效度需要大多数变量都使用多个题项来进行测量，还要保证量表的简洁，否则题项设计太多会增加模型的复杂程度。

本书根据从企业、行业及相关从业人员中收集的数据，对制度结构中企业内部制度安排和企业外部制度环境与西部资源型企业技术创新能力关系模型及其相关假设进行检验，数据通过专门设计的问卷和相关数据库的统计进行收集。

（一）初步题项形成

制定初试问卷前，在理论框架的基础上，找出已有的较为成熟的量表并进行了糅合。同时，对量表本身的题项根据西部资源型企业的实际情况进行增减。主要采取两种方法：一是以经济学为基础，综合理学、社会学等多学科的知识对量表进行重新审视，从理学和社会学的角度对量表进行修正。商请云南大学、昆明理工大学相关专业的 4 位教师就量表本身的题项从专业的角度以及中国的地域差异的角度提出了修改意见。二是采取焦点小组讨论与深度访谈的方法进行数据和信息的获取。联系大型资源型企业相关人员，选取了不同部门的 20 位管理人员和技术人员进行深度访谈，重点围绕企业内部制度安排、企业外部制度环境与企业技术创新能力进行访谈，平均每人访谈时长不少于 30 分钟。访谈采取的是半结构化的方式，在按照访谈问卷所设计的题目提问的同时，根据受访者的回答进行一些深入的讨论。所选取的访谈对象中男性 15 人，占 75%，女性 5 人，占 25%；高层管理岗 4 人，占 20%，中层管理岗 8 人，占 40%，专业技术岗 4 人，占 20%，一线工人 4 人，占 20%；年龄在 28~58 岁。

（二）初试问卷编制

通过上述步骤确定了各变量的基本维度，得到问卷的初步题项后，形成初试问卷，并到包钢集团发放了 25 份初试问卷。试测初试问卷目的是就初试题项的语言进行初步测试，了解问卷的语言是否适合西部资源型企业，问卷的表述是否存在歧义，提问的初衷是否容易理解。25 个问卷调查对象中，董事长办公室 2 人，人力资源部 4 人，财务部 2 人，二级企业 17 人。这些初试调查对象的选择不带任何特殊含义，只是根据当日的日程及工作便利性。

（三）正式问卷编制

为避免参与调查对象不能准确理解问卷中的所列项目情况，在问卷设计过程中征集了教学科研单位、企业管理人员以及社会人士或政府管理者的建议和意见，对相关题项进行了反复的测试和多轮多批次的修订，以期最大限度地排除容易混淆或有歧义的测量题项。当被调查对象在做问卷时确实碰到了不能准确理解测量意图的情况时，可以通过卷首部分的联系方式，及时与笔者沟通联系，以消除那些对题意不能准确理解或者语境混淆所造成的偏差。

综合上述工作，在对预测试卷进行因子分析的基础上，对量表进行修正，确定了正式调查问卷，包含个人统计特征 8 个题项，企业内部制度安排 29 个题项，企业外部制度环境 34 个题项，创新意愿 9 个题项，企业技术创新能力 28 个题项，共 108 个题项。除个人统计特征外，其他测量均采用 5 级 Liken 量度，5 个备选答案分别为完全不符合、有些不符合、说不清、有些符合、完全符合。为提高问卷所得数据的质量，在有些维度还设置了反向计分的题项，以减少被调查者主观回答的偏差。

三、样本对象选取及调查方法

本研究的目标和问题很明确，就是研究制度结构对于西部资源型企业技术创新能力提升的作用机理和现实意义。

（一）抽样方法

西部资源型企业的样本如何选取是必须解决的问题。

资源型企业是从事不可再生自然资源开发和初加工的企业，是一个以利用资源为主要特征的传统生产开发领域。按照行业划分惯例，资源型企业分为资源采选业和资源加工业。根据中国证监会的行业划分，可分为煤炭采选业、原油采选业、黑色金属采选业、有色金属采选业、石油加工及炼焦业、黑色金属冶炼及延压加工业、有色金属冶炼及延压加工业等。本书按照资源类型将资源型企业划分为煤炭采选行业、石油行业、钢铁行业、有色金属行业。

对完备指标体系进行简约的一个条件就是必须在具有代表性意义的样本数据的基础上进行，否则将无法简约。在选择样本企业时，以内蒙古、甘肃、陕西、四川、青海、贵州、云南、重庆 8 省的资源型企业作为西部资源型企业的代表（剔除了新疆、宁夏、西藏 3 地企业），占到了西部区域的 72.73%，这么做是合理的也是可行的。但该区域内仍有资源型企业超过 5000 家，因为样本量太大，必须进行进一步的精简。

在企业创新能力未知的情况下，选择哪些企业进入研究样本，使这个精简的样本能够代表西部资源型企业，显然是研究过程中面临的又一大难题。

为解决这个问题，需要明确一个假设：

西部资源型企业技术创新能力与其利润率存在正相关关系。

在该假设的基础上将企业按照利润率进行排序，并均匀选择若干，则所选的样本企业的创新能力也能够近似均匀分布，满足覆盖全集信息的要求。这种选择样本企业的方法是可信的，选出来的企业才能在一定意义上代表整个西部资源型企业。

为了研究的严谨性，要对西部资源型企业技术创新能力与其利润率存在正相关关系这一假设进行论证。以上述省份资源型企业（除去个别数据不全及发生重大经营性变动的企业）为分析样本，通过样本的创新能力与利润率之间的数理统计分析，考察两者的相关性，并进一步通过回归模型验证该假设。

将资源型企业创新能力的测度指标分为条件性指标和成果性指标。条件性指标反映企业为获取创新能力而提供的条件；成果性指标反映企业通过创新投入而得到的创新结果。创新的成果也就是创新的产出，从价值角度来看就是企业创新资产的累积沉淀，即专利权；从实物角度来看就是创新产品和技术成果。根据数据可得性和可比较原则，选择企业无形资产中的专利权作为企业创新的成果（具体数据来源：研发投入、研发技术人员数据来自各公司 2016 年年报；专利权原始数据、利润总额数据源于 RESSET 数据库，经计算得到 2016 年专利权增加值；专利数源于中国专利查询系统）。

通过计算得出指标之间的相关系数（具体计算过程略），资源型企业创新投入和产出与企业利润之间存在明显的正相关关系，其中研发投入与企业利润之间的相关系数为 0.5291，研发人员与企业利润之间的相关系数为 0.9265，专利权增加值与企业利润之间的相关系数为 0.7413，专利数与企业利润之间的相关系数为 0.7471。也就是说，企业创新能力越强，其盈利能力就越强。因此，资源型企业创新能力与其利润率存在正相关关系的假设是成立的。以企业利润率作为其创新能力的排序标准，选择具有代表性的企业进入样本，省去了研究中实地考察企业的过程，降低了研究难度。

　　将相关企业按净利润率进行排名，并按照业绩的"优、良、中、差"等级进行区分（其净利润率排名在前 1/4 的企业为优质企业；排名在 1/4～1/2 的企业为良质企业；排名在 1/2～3/4 的企业为中等企业；排名在最后 1/4 的企业为绩效较差企业），在各等级企业中按照均匀分布原则选择一定数量的企业作为该层次西部资源型企业的分析样本。一共筛选出 109 家资源型企业，作为研究的替代样本，简约得到可用的指标体系。之后选择合适的软件，在获取足够多的样本数据的基础上对相关指标体系进行微调。

　　调研中每家企业选择 3 名员工（高层管理人员 1 名、中层技术管理人员 1 名、一线职工 1 名）进行问卷调研。高层管理人员主要侧重调研制度结构的数据，中层技术管理人员主要侧重调研企业技术创新能力的数据，一线职工主要侧重调研企业创新意愿的数据，使总样本数超过 200。

　　云南省经济社会大数据研究院建在笔者所在单位，为样本的获取提供了较大的方便。四川、云南、贵州三省大数据研究院有数据共享协议，陕西、内蒙古、甘肃、重庆、青海的数据与贵州设立的中国大数据研究院有关联，且各省收集的数据并不局限于本省，因此降低了数据收集的难度。云南、四川和贵州省内的调研由笔者完成，西部其他省份则委托当地的友人代为完成。行动之前完成培训，保证协助调研的人能准确理解本研究想获取的资料信息情况，以确保调研的有效性。

（二）问卷发放及回收基本情况

　　根据统计，有效样本为 327 份，超过了结构方程运算所需的样本要求，因此可进行数据分析（见表 5.5）。

表 5.5　问卷发放及回收基本情况

类别	发放数（份）	有效数（份）	有效率（%）
预试问卷	200	150	75.00
正式问卷	400	327	81.75

（三）样本特性分析

1. 预测试样本情况

在正式测试前，为确保量表的信度、效度及对所研究对象的适用性，在数据分析中对缺失值均采用列删法进行处理。预测中被调查人员的性别差异、年龄大小、民族情况、受教育程度的高低、工作岗位的区别、是否愿意创新的态度和是否有过创新实施等基本情况如表 5.6 所示。

表 5.6　预试样本情况（N＝150）

变量名称	变量编码	变量内容	参测人数（人）	占比（%）
性别	1	男	110	74
	2	女	40	26
年龄	1	22～30 岁	40	27
	2	31～40 岁	30	20
	3	41～50 岁	50	33
	4	51 岁及以上	30	20
民族	1	汉族	93	62
	2	少数民族	57	38
受教育程度	1	大专以下	15	10
	2	大专	45	30
	3	本科	60	40
	4	硕士及以上	30	20
工作岗位	1	管理干部	75	50
	2	技术人员	75	50
是否愿意创新	1	非常愿意	30	20
	2	比较愿意	40	27
	3	说不清楚	40	26
	4	不太愿意	25	17
	5	不愿意	15	10
是否有过创新	1	有过	85	57
	2	没有	65	43

在接受预试的样本中男性比例高于女性比例，这与资源型行业的工作环境和工作性质有很大关系。年龄主要集中在41~50岁，受教育程度主要为本科及大专。这些特征都符合所选取样本单位的特性。

2. 正式测试样本情况

在正式测试中，接受调查人员的性别差异、年龄大小、民族情况、受教育程度的高低、工作岗位的区别、是否愿意创新的态度和是否有过创新实施等基本情况如表5.7所示。

从正式测试样本情况来看，男性比例高于女性，这符合资源型行业的从业人员特点。年龄主要集中在41~50岁。受教育程度为本科及以上的占很大部分，与整体国民受教育程度提高的趋势相同。工作岗位近60%为管理级别，这主要是一线职工的工作性质不便于作答导致的。是否愿意创新、是否有过创新的题项设计的目的是印证数据的准确性，判断是否前后一致。可以看出有过创新的人数为181人，而愿意创新的人数为137人，两者相差44人。是什么原因导致其背离自身意愿而去创新？这就要从内部制度安排、外部制度环境或者其他方面来寻找答案。

表5.7　正式样本情况（N=327）

变量名称	变量编码	变量内容	参测人数（人）	占比（%）
性别	1	男	279	85
	2	女	48	15
年龄	1	22~30岁	56	17
	2	31~40岁	69	22
	3	41~50岁	157	48
	4	51岁及以上	45	13
民族	1	汉族	219	67
	2	少数民族	108	33
受教育程度	1	大专以下	31	10
	2	大专	45	14
	3	本科	157	48
	4	硕士及以上	94	28

变量名称	变量编码	变量内容	参测人数（人）	占比（%）
工作岗位	1	管理干部	189	58
	2	技术人员	138	42
是否愿意创新	1	非常愿意	49	16
	2	比较愿意	88	27
	3	说不清楚	67	20
	4	不太愿意	47	14
	5	不愿意	76	23
是否有过创新	1	有过	181	55
	2	没有	146	45

四、研究方法

本书将运用文献研究法、谈话法、定性分析与定量分析相结合的方法以及多学科研究相结合的方法，对制度结构、企业技术创新的制度结构以及企业技术创新能力提升等问题进行多角度研究。在数据分析上，运用探索性因子分析、独立样本 T 检验与方差分析、结构方程模型验证等方法。数据分析工具主要选择 AMOS 7.0 和 SPSS 17.0 两款软件。AMOS 7.0 主要用于对结构方程模型做验证性因子分析（CFA），对所提出理论模型、假设进行验证。SPSS 17.0 主要用于对数据进行描述性统计分析，对各变量进行相关性分析、探索性因子（EFI）分析、独立样本 T 检验和方差分析。

本书研究的是制度结构对于企业技术创新能力提升的作用，找到制度结构的影响因素及会从哪些方面影响西部资源型企业技术创新能力。通过前文的分析，已将制度结构和技术创新能力提升的绩效明晰，现在要验证的便是其相互间的作用机理。需要根据实证数据对所建构的模型进行分析，以验证所提出的假设。由于制度结构的复杂性以及技术创新能力的广泛性，不能通过某个单一指标直接测量，而需要进行多指标测度，单一方法难以验证假设。因此，采用文献回顾法确定各变量，并在提出相关假设的基础上，拟采用结构方程模型来探讨制度结构与西部资源型企业技术创新能力之间的关系。结构方程模型容许自变量和因变量存在测量的误差，能同时处理多个因变量，并能一并估计因子结构与因子关系，能容纳和消化更大弹性的测量模型，估计全模型的拟合度。通过文献得知，虽然制度结构、企业技术创新能力的二阶变量或隐变量（Latent Variable）不能直接测量，但是它却可以由一些显变量（Observable Variable）来反映。

根据前文所述，结构方程模型样本规模不能低于 200 个，本书已达到了 327个，因此符合运用结构方程的最基本条件。此外，因变量数据主要来源于企业政府管理部门数据库及与测量项相关的数据库。在建模过程中，假设各年之间的数据具有一定的独立性，各个年度各企业的数据就是各个样本单位，从而满足样本容量的要求。

第六章 假设检验及实证分析

本章先对调整过的测量问卷做信度和效度检验，再测量人口统计相关特征项目对变量是否产生影响，并在此基础上就所得的数据用结构方程对研究模型以及相关假设进行研究及验证。

一、信度与效度检验

本书采用现成的量表，但放到西部资源型企业的情境中，需要做适当的调整，因此，必须进行信度和效度检验，以及探索性因子分析。

在探索性因子分析时要注意 Bartlett 球形检验（Bartlett Test of Sphericity）对应的相伴概率值小于研究中给定的显著性水平才适合。KMO（Kaiser–Meyer–Olkin Measure of Sampling Adequacy）>0.9 非常合适，在 0.8~0.9 合适，在 0.7~0.8 一般，在 0.6~0.7 不太合适，<0.6 不合适。在信度和效度检验时：Cronbach's α 系数>0.7；拟合指数值 CMIN/DF 在 2.0~5.0；近似误差均方根<0.09；GFI、AGFI、NFI、NNFI 均>0.90；PNFI>0.7；PCFI>0.6。对原变量做相关性分析是因子分析的前提条件。根据理论综述与调研访谈，本书共包括企业内部制度安排 3 个维度（产权制度、技术创新管理制度、企业文化）、企业外部制度环境 3 个维度（市场制度、专利制度、宏观管理制度）、创新意愿、资源型企业技术创新能力 3 个维度（技术要素、人才与管理要素、资本要素）。其中创新意愿、资源型企业技术创新能力采用的是成形的问卷，因此对问卷的信度与效度的检验以企业内部制度安排和企业外部制度环境为主。

（一）企业内部制度安排量表信度与效度检验

1. 相关性分析

表 6.1 问卷企业内部制度安排 KMO 和 Bartlett 球形检验

KMO		0.916
Bartlett 球形检验	近似卡方	4974.500
	df	873
	Sig.	0.000

根据表 6.1 的数据，问卷企业内部制度安排适合做因子分析。

2. 问卷企业内部制度安排探索性因子分析

表 6.2 问卷企业内部制度安排探索性因子分析结果

	旋转成分矩阵		
	成分		
	1	2	3
VAR0001	0.622	−0.081	0.022
VAR0002	0.623	−0.113	−0.362
VAR0003	0.666	−0.065	−0.081
VAR0004	0.653	0.170	−0.302
VAR0005	−0.312	−0.112	−0.413
VAR0006	0.571	−0.113	−0.362
VAR0007	0.698	0.018	−0.109
VAR0008	0.733	−0.165	−0.227
VAR0009	0.723	−0.245	−0.039
VAR0010	0.155	0.639	0.186
VAR0011	−0.055	0.648	−0.187

续表

	旋转成分矩阵		
	成分		
	1	2	3
VAR0012	−0.043	0.659	−0.201
VAR0013	0.368	0.599	−0.186
VAR0014	−0.147	−0.125	−0.101
VAR0015	0.084	0.686	−0.030
VAR0016	0.102	0.587	−0.123
VAR0017	0.351	0.593	−0.077
VAR0018	0.172	0.572	−0.107
VAR0019	0.021	0.594	−0.031
VAR0020	0.011	0.583	0.055
VAR0021	0.378	0.689	−0.097
VAR0022	0.015	−0.123	−0.101
VAR0023	−0.107	−0.030	−0.035
VAR0024	−0.252	−0.038	0.589
VAR0025	−0.123	−0.210	0.651
VAR0026	−0.147	−0.158	0.599
VAR0027	−0.159	−0.059	0.612
VAR0028	−0.203	−0.201	0.598
VAR0029	−0.023	−0.017	0.567
特征根	16.194	3.201	1.257
解释的方差量（%）	34.221	12.574	3.079
累计解释的方差量（%）	34.421	45.788	63.194

注：提取方法为主成分分析法；旋转法为具有 Kaiser 标准化的正交旋转法；已提取了 3 个成分。

根据表6.2的数据，企业内部制度安排提取 3 个公因子，分别是产权制度、技术创新管理制度、企业文化，因子最小特征根＝1.257，因子累计解释的方差量＝63.194%。

接下来剔除因子载荷小于 0.4 的题项，如表 6.3 所示。

表6.3 企业内部制度安排量表题项处理

维度	编号	测量项目	因子载荷	处理
产权制度	VAR0001	产权制度运行的有效性	0.622	
	VAR0002	产权激励机制对产权主体是否提供了有效激励	0.623	
	VAR0003	产权约束机制对产权侵害行为是否提供了有效约束	0.666	
	VAR0004	股东的权利与义务是否被很好地界定	0.653	
	VAR0005	委托代理的权、责、利关系是否明晰	−0.312	剔除
	VAR0006	交易者合法权益的保护程度	0.571	
	VAR0007	产权制度的实施机制是否有效	0.698	
	VAR0008	产权主体的权益能否依法实现	0.729	
	VAR0009	产权契约的履行程度	0.723	
技术创新管理制度	VAR0010	企业制度是否有利于企业竞争力持续提高	0.639	
	VAR0011	企业激励约束相容机制是否有效	0.648	
	VAR0012	管理者能否被有效激励	0.659	
	VAR0013	劳动者能否被有效激励	0.599	
	VAR0014	股东的价值是否被有效率地管理	−0.125	剔除
	VAR0015	生产激励机制是否确实有效	0.686	
	VAR0016	全员劳动生产效率	0.587	
	VAR0017	劳动生产增长效率	0.593	
	VAR0018	研发制度是否对研发者提供了有效激励	0.572	
	VAR0019	R&D投入占GDP的比重	0.594	
	VAR0020	三项专利批准数占研发投入（百万元）的比例	0.583	
	VAR0021	人均创新率	0.689	
	VAR0022	总成本能否有效控制	−0.123	剔除
	VAR0023	劳动力成本	−0.030	剔除
企业文化	VAR0024	企业支持通过实验和原始路径来解决问题	0.589	
	VAR0025	企业强调设计独有的新的生产过程和方法	0.651	
	VAR0026	企业倾向于采取大胆而冒险的决策	0.599	
	VAR0027	企业管理团队更偏好可能获得高回报的高风险项目	0.612	
	VAR0028	企业倾向于采取积极行动来迅速地抓住机会而非守旧	0.598	
	VAR0029	企业倾向于成为目标市场的施行者	0.561	

在原29个题项中共有4个题项被剔除，其中，产权制度剔除1项，技术创

新管理制度剔除 3 项。最终企业内部制度安排题项为 25 项，因子载荷在 0.561~0.729。

3. 修正后企业内部制度安排量表验证性因子分析

剔除原量表中因子载荷小于 0.4 的题项后进行 P 值检验。为便于识别，部分系数在模型识别中已设为 1。通过 P 值检验，载荷系数显著，证明修正后的企业内部制度安排量表具有很好的效度（见表 6.4）。

表 6.4　修正后企业内部制度安排量表二阶验证性因子分析标准化系数

题项	二阶变量			C.R	P
	产权制度	技术创新管理制度	企业文化		
VAR0007	1				
VAR0008	1.035			21.108	***
VAR0009	1.025			21.104	***
VAR0003	0.968			19.512	***
VAR0004	0.955			20.509	***
VAR0002	0.925			20.371	***
VAR0001	0.924			21.721	***
VAR0006	0.873			20.154	***
VAR0016		1			
VAR0011		1.162		17.975	***
VAR0012		1.149		18.773	***
VAR0013		1.087		18.239	***
VAR0010		1.041		18.234	***
VAR0015		1.019		17.697	***
VAR0017		0.994		18.012	***
VAR0018		0.988		17.923	***
VAR0019		0.945		17.835	***
VAR0020		0.914		17.832	***
VAR0021		0.893		17.996	***
VAR0027			1		
VAR0025			1.052	16.132	***

续表

题项	二阶变量			C. R	P
	产权制度	技术创新管理制度	企业文化		
VAR0026			1.013	16.023	***
VAR0024			0.991	15.995	***
VAR0028			0.949	15.762	***
VAR0029			0.918	15.912	***

注：***表示在0.01水平显著。

资料来源：根据数据分析结果整理。

如表6.5所示，拟合优度的卡方检验值P=0.000<0.05，卡方值和自由度之比CMIN/DF=4.735，2.0<4.735<5.0；拟合优度指数GFI=0.941>0.9，调整后的拟合优度指数AGFI=0.933>0.9，拟合规范指数NFI=0.927>0.9，简效规范拟合指数PNFI=0.675>0.6，简效比较拟合指数PCFI=0.756>0.7；近似误差均方根RMSEA=0.076<0.09。企业内部制度安排量表验证性因子分析模型的整体拟合优度指标基本达到了标准要求。

表6.5　企业内部制度安排量表验证性因子分析评价参数

	CMIN/DF	P	GFI	AGFI	NFI	PNFI	PCFI	RMSEA
企业内部制度安排	4.735	0.000	0.941	0.933	0.927	0.675	0.756	0.076

4. 修正后企业内部制度安排量表信度检验

表6.6　修正后企业内部制度安排量表信度检验Cronbach's α系数

变量	α系数	题项数量
产权制度	0.854	8
技术创新管理制度	0.839	11
企业文化	0.831	6
企业内部制度安排量表整体	0.929	25

从表6.6可以看出，所有 Cronbach's α 系数均大于0.7。修正后的量表具有较好的信度。

（二）企业外部制度环境量表信度与效度检验

1. 相关性分析

根据表6.7的数据，问卷企业外部制度环境适合做因子分析。

表 6.7 问卷企业外部制度环境 KMO 和 Bartlett 球形检验

	KMO	0.921
Bartlett 球形检验	近似卡方	2095.717
	df	781
	Sig.	0.000

2. 问卷企业外部制度环境探索性因子分析

根据表6.8的数据，企业外部制度环境提取3个公因子，分别是市场制度、专利制度、宏观管理制度，因子最小特征根 = 1.211，因子累计解释的方差量 = 62.129%。

表 6.8 问卷企业外部制度环境探索性因子分析结果

	旋转成分矩阵		
	成分		
	1	2	3
VAR0030	0.626	-0.077	0.026
VAR0031	0.627	-0.109	-0.358
VAR0032	0.737	-0.161	-0.223
VAR0033	0.657	0.174	-0.298
VAR0034	0.727	-0.241	-0.035
VAR0035	0.575	-0.109	-0.358
VAR0036	0.702	0.022	-0.105

续表

	旋转成分矩阵		
	成分		
	1	2	3
VAR0037	0.067	−0.061	−0.077
VAR0038	−0.308	−0.108	−0.409
VAR0039	0.159	0.643	0.019
VAR0040	−0.051	0.652	−0.183
VAR0041	−0.039	0.663	−0.197
VAR0042	0.372	0.603	−0.182
VAR0043	−0.143	−0.121	−0.097
VAR0044	0.088	0.069	−0.026
VAR0045	0.106	0.591	−0.119
VAR0046	0.355	−0.073	0.598
VAR0047	0.176	−0.103	0.576
VAR0048	0.025	−0.027	0.598
VAR0049	0.015	0.059	0.587
VAR0050	0.382	−0.093	0.693
VAR0051	−0.199	−0.197	0.602
VAR0052	−0.103	−0.026	−0.031
VAR0053	−0.248	−0.034	0.593
VAR0054	−0.073	0.355	0.597
VAR0055	0.059	0.015	0.587
VAR0056	−0.155	−0.055	0.616
VAR0057	0.019	−0.119	−0.097
VAR0058	−0.019	−0.013	0.571
VAR0059	−0.119	−0.206	0.155
VAR0060	−0.103	0.176	0.576
VAR0061	−0.027	0.025	0.598
VAR0062	−0.143	−0.154	0.103
VAR0063	−0.093	0.382	0.693

续表

	旋转成分矩阵		
	成分		
	1	2	3
特征根	5.541	3.112	1.211
解释的方差量（％）	31.893	17.752	6.412
累计解释的方差量（％）	31.893	46.647	62.129

注：提取方法为主成分分析法；旋转法为具有 Kaiser 标准化的正交旋转法；已提取了 3 个成分。

接下来剔除因子载荷小于 0.4 的题项，如表 6.9 所示。

表 6.9 企业外部制度环境量表题项处理

维度	编号	测量项目	因子载荷	处理
市场制度	VAR0030	交易的法律体系是否健全	0.626	
	VAR0031	交易法规是否有利于公平竞争和促进商业运营	0.627	
	VAR0032	交易成本能否有效控制	0.731	
	VAR0033	交易效率能否有效提高	0.657	
	VAR0034	企业内交易成本能否有效控制	0.727	
	VAR0035	企业内交易成本占企业总成本的比重	0.575	
	VAR0036	市场交易成本能否有效控制	0.702	
	VAR0037	通信、运输及仓储费用占成本的比重	0.067	剔除
	VAR0038	广告费用占成本的比重	-0.308	剔除
专利制度	VAR0039	版权盗用程度	0.643	
	VAR0040	产权保护程度	0.652	
	VAR0041	物质产权保护程度	0.663	
	VAR0042	知识产权保护程度	0.603	
	VAR0043	执法强度	-0.121	剔除
	VAR0044	保护强度	0.069	剔除
	VAR0045	激励强度	0.591	

续表

维度	编号	测量项目	因子载荷	处理
	VAR0046	财政对基础设施建设的支持是否满足经济发展的需要	0.598	
	VAR0047	财政对教育与科技研发的投入是否适应经济发展的需要	0.576	
	VAR0048	财政政策对产业发展的支持程度	0.598	
	VAR0049	企业是否容易从银行获得信贷	0.587	
	VAR0050	金融机构是否为企业提供了足够的融资	0.693	
	VAR0051	风险资本能否为企业创新与发展提供便利	0.602	
	VAR0052	金融机构的透明度是否在当地经济中广泛达成	-0.031	剔除
	VAR0053	产业制度安排是否有利于投资便利化	0.593	
宏观管理制度	VAR0054	产业立法是否有利于公平竞争	0.597	
	VAR0055	私营企业在重点产业投资中是否享受同等待遇	0.587	
	VAR0056	劳动立法是否会阻碍企业经营活动	0.616	
	VAR0057	失业立法是否可对寻找工作提供支持	-0.097	剔除
	VAR0058	公平分配是否成为当地政府优先关注的事项	0.569	
	VAR0059	廉政法规体系的健全程度	0.155	剔除
	VAR0060	廉政机制对官僚腐败的治理力度	0.576	
	VAR0061	政府的廉洁程度	0.598	
	VAR0062	政府行政的效率与透明程度	0.103	剔除
	VAR0063	政府对企业的干预程度	0.693	

在原 34 个题项中共有 8 个题项被剔除，其中，市场制度剔除 2 项，专利制度剔除 2 项，宏观管理制度剔除 4 项。最终企业外部制度环境题项为 26 项，因子载荷在 0.569~0.731。

3. 修正后企业外部制度环境量表验证性因子分析

剔除原量表中因子载荷小于 0.4 的题项后进行 P 值检验。为便于识别，部分系数在模型识别中已设为 1。通过 P 值检验，载荷系数显著，证明修正后的企业外部制度环境量表具有很好的效度（见表 6.10）。

表6.10 修正后企业外部制度环境量表二阶验证性因子分析标准化系数

题项	二阶变量			C. R	P
	市场制度	专利制度	宏观管理制度		
VAR0031	1				
VAR0032	1.112			22.128	***
VAR0034	1.101			22.177	***
VAR0036	1.075			22.091	***
VAR0033	1.031			22.012	***
VAR0030	0.999			21.949	***
VAR0035	0.948			21.416	***
VAR0042		1			
VAR0040		1.063		19.988	***
VAR0041		1.049		19.457	***
VAR0039		1.041		19.432	***
VAR0045		0.988		19.011	***
VAR0054			1		
VAR0047			1.096	24.312	***
VAR0048			1.095	24.310	***
VAR0049			1.019	24.012	***
VAR0050			1.005	24.001	***
VAR0046			1.001	23.967	***
VAR0051			1.001	23.969	***
VAR0053			1.001	23.965	***
VAR0055			0.996	23.782	***
VAR0056			0.993	23.780	***
VAR0058			0.991	23.750	***
VAR0060			0.979	23.723	***
VAR0061			0.979	23.723	***
VAR0063			0.974	23.709	***

注：***表示在0.01水平显著。

如表6.11所示，拟合优度的卡方检验值 P=0.000<0.05，卡方值和自由度之比 CMIN/DF=4.597，2.0<4.597<5.0；拟合优度指数 GFI=0.914>0.9，调整后的拟合优度指数 AGFI=0.929>0.9，拟合规范指数 NFI=0.931>0.9，简效规范拟合指数 PNFI＝0.647>0.6，简效比较拟合指数 PCFI＝0.767>0.7；近似误差均方根 RMSEA＝0.074<0.09。企业外部制度环境量表验证性因子分析模型的整体拟合优度指标基本达到了标准要求。

表 6.11　企业外部制度环境量表验证性因子分析评价参数

	CMIN/DF	P	GFI	AGFI	NFI	PNFI	PCFI	RMSEA
企业外部制度环境	4.597	0.000	0.914	0.929	0.931	0.647	0.767	0.074

4. 修正后企业内部制度环境量表信度检验

表 6.12　修正后企业外部制度环境量表信度检验 Cronbach's α 系数

变量	α 系数	题项数量
市场制度	0.831	7
专利制度	0.829	5
宏观管理制度	0.843	14
企业外部制度环境量表整体	0.861	26

从表 6.12 可以看出，所有 Cronbach's α 系数均大于 0.7。修正后的量表具有较好的信度。

（三）企业技术创新能力量表信度与效度检验

1. 相关性分析

根据表 6.13 的数据，问卷企业技术创新能力适合做因子分析。

表 6.13　问卷企业技术创新能力 KMO 和 Bartlett 球形检验

KMO		0.933
Bartlett 球形检验	近似卡方	2197.113
	df	747
	Sig.	0.000

2. 问卷企业技术创新能力探索性因子分析

根据表 6.14 的数据，企业技术创新能力提取 3 个公因子，分别是技术绩效、人才与管理绩效、资本绩效，因子最小特征根 = 2.829，3 个因子累计解释的方差量 = 61.127%。

表 6.14　问卷企业技术创新能力探索性因子分析结果

	旋转成分矩阵		
	成分		
	1	2	3
VAR0064	0.625	−0.078	0.025
VAR0065	0.626	−0.110	−0.359
VAR0066	0.736	−0.162	−0.224
VAR0067	−0.309	−0.109	−0.410
VAR0068	0.726	−0.242	−0.036
VAR0069	0.574	−0.110	−0.359
VAR0070	0.701	0.021	−0.106
VAR0071	0.066	−0.062	−0.078
VAR0072	0.158	0.642	0.018
VAR0073	−0.052	0.651	−0.184
VAR0074	−0.040	0.662	−0.198
VAR0075	0.371	0.602	−0.183
VAR0076	0.175	0.575	−0.104
VAR0077	0.014	0.586	0.058
VAR0078	0.105	0.590	−0.120
VAR0079	0.354	0.596	−0.074
VAR0080	−0.144	−0.122	−0.098
VAR0081	−0.104	−0.032	−0.027
VAR0082	0.087	0.068	−0.027
VAR0083	0.381	0.692	−0.094
VAR0084	−0.200	0.601	−0.198
VAR0085	0.024	0.597	−0.028
VAR0086	−0.104	0.575	0.175

	旋转成分矩阵		
	成分		
	1	2	3
VAR0087	−0.249	−0.035	0.592
VAR0088	−0.074	0.354	0.596
VAR0089	0.058	0.014	0.586
VAR0090	−0.156	−0.056	0.615
VAR0091	0.018	−0.120	0.579
特征根	5.171	4.199	2.829
解释的方差量（%）	23.474	21.811	17.134
累计解释的方差量（%）	23.474	14.727	61.127

注：提取方法为主成分分析法；旋转法为具有 Kaiser 标准化的正交旋转法；已提取了 3 个成分。

接下来剔除因子载荷小于 0.4 的题项，如表 6.15 所示。

表 6.15　企业技术创新能力量表题项处理

维度	编号	测量项目	因子载荷	处理
技术绩效	VAR0064	专利及科技成果相对数	0.625	
	VAR0065	获奖成果相对数	0.626	
	VAR0066	千人研发人员拥有专利数量	0.739	
	VAR0067	千人研发人员拥有论文数量	−0.309	剔除
	VAR0068	企业科技机构相对数	0.726	
	VAR0069	企业仪器设备采购强度	0.574	
	VAR0070	企业 R&D 项目相对数	0.701	
	VAR0071	理论与技术导入能力（新聘员工培训时间）	−0.062	剔除
	VAR0072	工艺技术手段完备情况（企业外包业务环节比重）	0.642	
人才与管理绩效	VAR0073	自动化生产水平（生产线员工比重）	0.651	
	VAR0074	企业创新激励机制建设水平（研发人员劳务支出比重）	0.662	
	VAR0075	企业创新战略目标的清晰程度（新产品研发成功率）	0.602	
	VAR0076	科技体系与创新载体情况（负责创新的部门或机构经费比重）	0.566	

续表

维度	编号	测量项目	因子载荷	处理
人才与管理绩效	VAR0077	管理人员创新意识（企业管理制度改革频度）	0.586	
	VAR0078	企业工程技术人员比重	0.590	
	VAR0079	企业科技活动人员比重	0.596	
	VAR0080	员工培训和学习频度	−0.122	剔除
	VAR0081	研发人员的年总收入增长率	−0.032	剔除
	VAR0082	员工的信息技术水平	0.068	剔除
	VAR0083	研发人员观念素质（硕士学历人员比重）	0.692	
	VAR0084	研发人员忠诚度（年离职率，反向指标）	0.601	
	VAR0085	员工满意度（年收入增长率）	0.597	
	VAR0086	研发人员晋升制度的完善程度（管理层人员由企业自身培养的研发人员比重）	0.575	
资本绩效	VAR0087	企业研发经费支出比率	0.592	
	VAR0088	资本创新效率（专利产出效率）	0.596	
	VAR0089	研发人员投入比重	0.586	
	VAR0090	研发设备投入比重	0.615	
	VAR0091	外部科研经费筹集能力	0.579	

在原 28 个题项中共有 5 个题项被剔除，其中，技术绩效剔除 2 项，人才与管理绩效剔除 3 项。最终企业技术创新能力题项为 23 项，因子载荷在 0.566~0.739。

3. 修正后企业技术创新能力量表验证性因子分析

剔除原量表中因子载荷小于 0.4 的题项后进行 P 值检验。为便于识别，部分系数在模型识别中已设为 1。通过 P 值检验，载荷系数显著，证明修正后的企业技术创新能力量表具有很好的效度（见表 6.16）。

表6.16　修正后企业技术创新能力量表二阶验证性因子分析标准化系数

题项	二阶变量			C.R	P
	技术绩效	人才与管理绩效	资本绩效		
VAR0070	1				

续表

题项	二阶变量			C.R	P
	技术绩效	人才与管理绩效	资本绩效		
VAR0072	1.045			20.893	***
VAR0066	1.035			24.103	***
VAR0068	1.025			24.041	***
VAR0065	0.925			23.901	***
VAR0064	0.924			23.899	***
VAR0069	0.873			23.011	***
VAR0078		1			
VAR0073		1.095		22.131	***
VAR0074		1.065		21.092	***
VAR0075		1.054		21.002	***
VAR0076		1.005		20.603	***
VAR0077		1.004		20.507	***
VAR0079		0.999		20.006	***
VAR0083		0.993		20.001	***
VAR0084		0.989		19.992	***
VAR0085		0.978		19.891	***
VAR0086		0.978		19.891	***
VAR0089			1		
VAR0088			1.019	20.134	***
VAR0087			0.996	20.004	***
VAR0090			0.991	19.995	***
VAR0091			0.983	19.809	***

注：＊＊＊表示在0.01水平显著相关。

　　如表6.17所示，拟合优度的卡方检验值 $P = 0.000 < 0.05$，卡方值和自由度之比 CMIN/DF = 4.387，$2.0 < 4.387 < 5.0$；拟合优度指数 GFI = 0.914 > 0.9，调整后的拟合优度指数 AGFI = 0.927 > 0.9，拟合规范指数 NFI = 0.930 > 0.9，简效规范拟合指数 PNFI = 0.683 > 0.6，简效比较拟合指数 PCFI = 0.739 > 0.7；近似误差均方根 RMSEA = 0.081 < 0.09。企业技术创新能力量表验证性因子分析模型的整体拟

合优度指标基本达到了标准要求。

表 6.17　企业技术创新能力量表验证性因子分析评价参数

	CMIN/DF	P	GFI	AGFI	NFI	PNFI	PCFI	RMSEA
企业技术创新能力	4.387	0.000	0.914	0.927	0.930	0.683	0.739	0.081

4. 修正后企业技术创新能力量表信度检验

从表 6.18 可以看出，所有 Cronbach's α 系数均大于 0.7。修正后的量表具有较好的信度。

表 6.18　修正后企业技术创新能力量表信度检验 Cronbach's α 系数

变量	α 系数	题项数量
技术绩效	0.851	6
人才与管理绩效	0.815	12
资本绩效	0.917	5
企业技术创新能力量表整体	0.936	23

（四）共同方法变异

根据表 6.19 的数据分析结果，最终选定的 4 个因子对总方差的累计解释程度达 64.931%，因子对于总方差最大解释程度为 25.169%（旋转平方和载入），说明第一因子只是解释了一部分的方差，并没有出现单一因子的情况，因此，数据出现共同方法变异的可能性不大。

表 6.19　对共同方法变异的 Harman 单因素检验

因子	提取平方和载入			旋转平方和载入		
	合计	方差的百分比（%）	累计百分比（%）	合计	方差的百分比（%）	累计百分比（%）
1	22.821	27.409	28.511	14.809	25.169	25.169

续表

因子	提取平方和载入			旋转平方和载入		
	合计	方差的百分比（%）	累计百分比（%）	合计	方差的百分比（%）	累计百分比（%）
2	7.114	17.192	47.524	7.979	16.439	42.803
3	4.019	11.521	58.110	7.132	12.211	54.047
4	3.125	7.125	64.931	6.167	11.901	64.931

二、变量间 Pearson 相关系数

从表6.20可以看出，各维度之间的相关系数都小于0.7，不会出现多重共线性。

表 6.20 总体量表各因子之间的相关系数

变量名称	CQZD	CXZD	QYWH	SCZD	ZLZD	HGZD	JSJX	GLJX	ZBJX
CQZD	1								
CXZD	0.671***	1							
QYWH	0.599***	0.528***	1						
SCZD	0.474***	0.525***	0.447***	1					
ZLZD	0.524***	0.401***	0.505***	0.277***	1				
HGZD	0.603***	0.566***	0.514***	0.548***	0.391***	1			
JSJX	0.322***	0.341***	0.244***	0.431***	0.116*	0.524***	1		
GLJX	0.201***	0.147***	0.279***	0.243***	0.272***	0.226***	0.287***	1	
ZBJX	0.175*	0.133*	0.231***	0.256***	0.201***	0.223***	0.376***	0.413***	1

注：CQZD 对应产权制度，CXZD 对应技术创新管理制度，QYWH 对应企业文化，上述3个变量属于企业内部制度安排维度。SCZD 对应市场制度，ZLZD 对应专利制度，HGZD 对应宏观管理制度，上述3个变量属于企业外部制度环境维度。JSJX 对应技术绩效，GLJX 对应人才与管理绩效，ZBJX 对应资本绩效，上述3个变量属于企业技术创新能力维度。该相关矩阵为对称阵，仅给出了下三角矩阵，*** 表示在0.01水平显著相关；** 表示在0.05水平（双侧）显著相关。

三、描述性统计分析

对调查问卷中的各人口统计学指标进行描述性统计分析的具体结果如表 6.21 所示。利用独立样本 T 检验方法，通过对性别、年龄、受教育程度分组进行差异性检验，得到最终结果，如表 6.22～表 6.25 所示。

表 6.21　描述性统计分析

变量		频率	占比（%）
性别	男	202	61.8
	女	125	38.2
年龄	30~40 岁	118	36.1
	41~50 岁	140	42.8
	51~60 岁	69	21.1
年收入	10 万元以下	5	1.5
	10 万~20 万元	50	15.3
	20 万~30 万元	102	31.2
	30 万~50 万元	89	27.2
	50 万~100 万元	75	22.9
	100 万元以上	6	1.8
受教育程度	本科以下	22	6.7
	本科	154	47.1
	硕士	108	33
	博士	43	13.1

（一）性别分组的均值比较

如表 6.22 所示，性别做分组变量时，对产权制度进行均值比较的差异性 T 值为-0.129、P 值为 0.898，其中女性的均值为 3.6667，标准差为 0.80099，大于男性的均值3.6535，标准差为0.95669，但差异并不显著。对技术创新管理制度进行均值比较的差异性 T 值为 -0.288、P 值为0.774，其中女性的均值为 3.5573，标准差为 0.81844，大于男性的均值 3.5264，标准差为 1.01324，但差异并不显著。对企业文化进行均值比较的差异性 T 值为 -0.067、P 值为 0.947，其中女性的均值为 3.6360，标准差为 0.95962，大于男性的均值 3.6287，标准差为 0.95588，但差异并不显著。对市场制度进行均值比较的差异性 T 值为 2.262、P 值为 0.024，其中男性的均值为 3.6906，标准差为 0.85055，大于女性的均值 3.4800，标准差为 0.76306，表明男性选择市场制度的均值显著高于女性。对专利制度进行均值比较的差异性 T 值为 -0.664、P 值为 0.507，其中女性的均值为 3.4680，标准差为 0.67789，大于男性的均值 3.4158，标准差为 0.69771，但差异并不显著。对宏观管理制度进行均值比较的差异性 T 值为 -0.594、P 值为 0.601，其中女性的均值为 3.4602，标准差为 0.67619，大于男性的均值 3.4101，标准差为 0.69701，但差异并不显著。对技术绩效进行均值比较的差异性 T 值为 1.977、P 值为 0.049，其中男性的均值为 3.6068，标准差为 0.63358，大于女性的均值 3.4674，标准差为 0.59551，表明男性选择技术绩效的均值显著高于女性。对人才与管理绩效进行均值比较的差异性 T 值为 1.283、P 值为 0.201，其中男性的均值为 3.6205，标准差为 0.67878，大于女性的均值 3.5253，标准差为 0.60522，但差异并不显著。对资本绩效进行均值比较的差异性 T 值为 0.812、P 值为 0.418，其中男性的均值为 3.7153，标准差为 0.81232，大于女性的均值 3.6420，标准差为 0.76354，但差异并不显著。总体来看，男性选择市场制度和技术绩效的均值明显高于女性，其他变量的均值差异并不显著。

表 6.22 性别分组的均值比较

变量名称	性别	均值	标准差	T	P
产权制度	男	3.6535	0.95669	-0.129	0.898
	女	3.6667	0.80099		
技术创新管理制度	男	3.5264	1.01324	-0.288	0.774
	女	3.5573	0.81844		

变量名称	性别	均值	标准差	T	P
企业文化	男	3.6287	0.95588	-0.067	0.947
	女	3.6360	0.95962		
市场制度	男	3.6906	0.85055	2.262	0.024
	女	3.4800	0.76306		
专利制度	男	3.4158	0.69771	-0.664	0.507
	女	3.4680	0.67789		
宏观管理制度	男	3.4101	0.69701	-0.594	0.601
	女	3.4602	0.67619		
技术绩效	男	3.6068	0.63358	1.977	0.049
	女	3.4674	0.59551		
人才与管理绩效	男	3.6205	0.67878	1.283	0.201
	女	3.5253	0.60522		
资本绩效	男	3.7153	0.81232	0.812	0.418
	女	3.6420	0.76354		

（二）年龄分组的均值比较

如表 6.23 所示，年龄做分组变量时，对产权制度进行均值比较的差异性 T 值为 -1.237、P 值为 0.218，其中高年龄组的均值为 3.6763，标准差为 0.95310，大于低年龄组的均值 3.4944，标准差为 0.98105，但差异并不显著。对企业文化进行均值比较的差异性 T 值为 1.032、P 值为 0.304，其中低年龄组的均值为 3.5254，标准差为 0.91459，大于高年龄组的均值 3.3720，标准差为 1.08696，但差异并不显著。对技术创新管理制度进行均值比较的差异性 T 值为 4.598、P 值为 0.000，其中低年龄组的均值为 3.4534，标准差为 0.89631，大于高年龄组的均值 2.8986，标准差为 0.58523，表明低年龄组选择技术创新管理制度的均值显著高于高年龄组。对市场制度进行均值比较的差异性 T 值为 -0.638、P 值为 0.524，其中高年龄组的均值为 3.6377，标准差为 0.72195，大于低年龄组的均值 3.5551，标准差为 0.92169，但差异并不显著。对宏观管理制度进行均值比较的差异性 T 值为 0.659、P 值为 0.511，其中低年龄组的均值为 3.3814，标准差为 0.67721，大于高年龄组的均值

3.3140，标准差为 0.67020，但差异并不显著。对专利制度进行均值比较的差异性 T 值为 -6.526、P 值为 0.000，其中高年龄组的均值为 3.8654，标准差为 0.67135，大于低年龄组的均值 3.2446，标准差为 0.60092，表明高年龄组选择专利制度的均值显著高于低年龄组。对技术绩效进行均值比较的差异性 T 值为 1.316、P 值为 0.190，其中低年龄组的均值为 3.5586，标准差为 0.64883，大于高年龄组的均值 3.4263，标准差为 0.68682，但差异并不显著。对人才与管理绩效进行均值比较的差异性 T 值为 1.306、P 值为 0.187，其中低年龄组的均值为 3.5686，标准差为 0.64783，大于高年龄组的均值 3.4363，标准差为 0.68782，但差异并不显著。对资本绩效进行均值比较的差异性 T 值为 -1.141、P 值为 0.256，其中高年龄组的均值为 3.7065，标准差为 0.83903，大于低年龄组的均值 3.5572，标准差为 0.87792，但差异并不显著。总体来看，低年龄组选择技术创新管理制度的均值明显高于高年龄组，高年龄组选择专利制度的均值显著高于低年龄组，在其他变量上的均值差异并不显著。

表 6.23 年龄分组的均值比较

变量名称	性别	均值	标准差	T	P
产权制度	低年龄	3.4944	0.98105	-1.237	0.218
	高年龄	3.6763	0.95310		
企业文化	低年龄	3.5254	0.91459	1.032	0.304
	高年龄	3.3720	1.08696		
技术创新管理制度	低年龄	3.4534	0.89631	4.598	0.000
	高年龄	2.8986	0.58523		
市场制度	低年龄	3.5551	0.92169	-0.638	0.524
	高年龄	3.6377	0.72195		
宏观管理制度	低年龄	3.3814	0.67721	0.659	0.511
	高年龄	3.3140	0.67020		
专利制度	低年龄	3.2446	0.60092	-6.526	0.000
	高年龄	3.8654	0.67135		
技术绩效	低年龄	3.5586	0.64883	1.316	0.190
	高年龄	3.4263	0.68682		

变量名称	性别	均值	标准差	T	P
人才与管理绩效	低年龄	3.5686	0.64783	1.306	0.187
	高年龄	3.4363	0.68782		
资本绩效	低年龄	3.5572	0.87792	-1.141	0.256
	高年龄	3.7065	0.83903		

（三）受教育程度分组的均值比较

如表 6.24 所示，受教育程度做分组变量时，对产权制度进行均值比较的差异性 T 值为 -0.938、P 值为 0.352，其中高学历组的均值为 3.7984，标准差为 0.65522，大于低学历组的均值 3.6212，标准差为 0.83758，但差异并不显著。对企业文化进行均值比较的差异性 T 值为 0.504、P 值为 0.616，其中低学历组的均值为 3.6667，标准差为 0.99735，大于高学历组的均值 3.5504，标准差为 0.81612，但差异并不显著。对技术创新管理制度进行均值比较的差异性 T 值为 -3.211、P 值为 0.002，其中高学历组的均值为 4.3721，标准差为 0.88703，大于低学历组的均值 3.6364，标准差为 0.84771，这表明高学历组选择技术创新管理制度的均值显著高于低学历组。对市场制度进行均值比较的差异性 T 值为 1.157、P 值为 0.252，其中低学历组的均值为 3.8864，标准差为 0.67138，大于高学历组的均值 3.6860，标准差为 0.65487，但差异并不显著。对专利制度进行均值比较的差异性 T 值为 -0.211、P 值为 0.833，其中高学历组的均值为 3.5194，标准差为 0.63121，大于低学历组的均值 3.4848，标准差为 0.60838，但差异并不显著。对宏观管理制度进行均值比较的差异性 T 值为 -0.689、P 值为 0.493，其中高学历组的均值为 3.7176，标准差为 0.55283，大于低学历组的均值 3.6234，标准差为 0.45293，但差异并不显著。对技术绩效进行均值比较的差异性 T 值为 0.174、P 值为 0.862，其中低学历组的均值为 3.7197，标准差为 0.38451，大于高学历组的均值 3.6977，标准差为 0.52548，但差异并不显著。对人才与管理绩效进行均值比较的差异性 T 值为 -0.697、P 值为 0.489，其中高学历组的均值为 3.7151，标准差为 0.63053，大于低学历组的均值 3.5909，标准差为 0.76976，但差异并不显著。对资本绩效进行均值比较的差异性 T 值为-0.688、P值为0.492，其中高学历组的均值为3.7176，标准差为0.55283，大于低学历组的均值3.6234，标准差为0.45293，但差异并不显著。总体来看，高学历组选择技术创新管理制度的均值明显高于低学历组，在其他变量上的均值差异并不显著。

表6.24　受教育程度分组的均值比较

变量名称	学历	均值	标准差	T	P
产权制度	低学历	3.6212	0.83758	-0.938	0.352
	高学历	3.7984	0.65522		
企业文化	低学历	3.6667	0.99735	0.504	0.616
	高学历	3.5504	0.81612		
技术创新管理制度	低学历	3.6364	0.84771	-3.211	0.002
	高学历	4.3721	0.88703		
市场制度	低学历	3.8864	0.67138	1.157	0.252
	高学历	3.6860	0.65487		
专利制度	低学历	3.4848	0.60838	-0.211	0.833
	高学历	3.5194	0.63121		
宏观管理制度	低学历	3.6234	0.45293	-0.689	0.493
	高学历	3.7176	0.55283		
技术绩效	低学历	3.7197	0.38451	0.174	0.862
	高学历	3.6977	0.52548		
人才与管理绩效	低学历	3.5909	0.76976	-0.697	0.489
	高学历	3.7151	0.63053		
资本绩效	低学历	3.6234	0.45293	-0.688	0.492
	高学历	3.7176	0.55283		

（四）人员岗位分组的均值比较

如表6.25所示，人员岗位做分组变量时，对产权制度进行均值比较的差异性T值为1.376、P值为0.202，其中技术人员组的均值为4.4000，标准差为0.89443，大于管理干部组的均值3.7222，标准差为0.74287，但差异并不显著。对企业文化进行均值比较的差异性T值为2.371、P值为0.042，其中技术人员组的均值为 4.2667，标准差为 0.43461，大于管理干部组的均值 3.0556，标准差为 1.06284，表明技术人员组选择企业文化的均值显著高于管理干部组。对技术创新管理制度进行均值比较的差异性 T 值为 1.969、P 值为 0.080，其中技术人员组的均值为 4.4000，标准差为 0.54772，大于管理干部组的均值 3.8333，标准差为 0.40825，但差异并不显著。对市场制度进行均值比较的差异性 T 值为 1.211、P 为 0.257，其中技术人员组的均值为 4.4000，标准差为 0.89443，大于管理干部组的均值 3.7500，标准差为 0.88034，但差异并不显著。对专利制度进行均值比较的差异性 T 值为 3.686、P 值为 0.005，其中技术人员组的均值为 4.3333，标准差为 0.20412，大于管理干部组的均值 3.5556，标准差为 0.43033，表明技术人员组选择专利制度的均值显著高于管理干部组。对宏观管理制度进行均值比较的差异性 T 值为 0.420、P 值为 0.685，其中技术人员组的均值为 4.0286，标准差为 0.39641，大于管理干部组的均值 3.9286，标准差为 0.39123，但差异并不显著。对技术绩效进行均值比较的差异性 T 值为 0.129、P 值为 0.900，其中技术人员组的均值为 3.9000，标准差为 0.32489，大于管理干部组的均值 3.8750，标准差为 0.31513，但差异并不显著。对人才与管理绩效进行均值比较的差异性 T 值为 0.787、P 值为 0.452，其中技术人员组的均值为 4.1500，标准差为 0.62750，大于管理干部组的均值 3.9167，标准差为 0.34157，但差异并不显著。对资本绩效进行均值比较的差异性 T 值为 1.366、P 值为 0.212，其中技术人员组的均值为 4.3999，标准差为 0.89443，大于管理干部组的均值 3.6899，标准差为 0.74287，但差异并不显著。总体来看，技术人员组选择企业文化和专利制度的均值明显高于管理干部组，在其他变量上的均值差异并不显著。

表 6.25　人员岗位分组的均值比较

变量名称	收入	均值	标准差	T	P
产权制度	技术人员	4.4000	0.89443	1.376	0.202
	管理干部	3.7222	0.74287		
企业文化	技术人员	4.2667	0.43461	2.371	0.042
	管理干部	3.0556	1.06284		

续表

变量名称	收入	均值	标准差	T	P
技术创新管理制度	技术人员	4.4000	0.54772	1.969	0.080
	管理干部	3.8333	0.40825		
市场制度	技术人员	4.4000	0.89443	1.211	0.257
	管理干部	3.7500	0.88034		
专利制度	技术人员	4.3333	0.20412	3.686	0.005
	管理干部	3.5556	0.43033		
宏观管理制度	技术人员	4.0286	0.39641	0.420	0.685
	管理干部	3.9286	0.39123		
技术绩效	技术人员	3.9000	0.32489	0.129	0.900
	管理干部	3.8750	0.31513		
人才与管理绩效	技术人员	4.1500	0.62750	0.787	0.452
	管理干部	3.9167	0.34157		
资本绩效	技术人员	4.3999	0.89443	1.366	0.212
	管理干部	3.6899	0.74287		

（五）人口统计特征对各变量的影响汇总

人口统计特征对各变量的影响汇总如表 6.26 所示。

表 6.26　人口统计特征对各变量的影响汇总

潜变量	性别	年龄	受教育程度	岗位类别
产权制度	否	否	否	否
企业文化	否	否	否	是
技术创新管理制度	否	是	是	否
市场制度	是	否	否	否
专利制度	否	是	否	是
宏观管理制度	否	否	否	否
技术绩效	是	否	否	否
人才与管理绩效	否	否	否	否
资本绩效	否	否	否	否

四、结构方程模型结果分析

为进一步研究企业内部制度安排和企业外部制度环境对企业技术创新能力的影响，本节构建结构方程模型，验证相关假设，佐证变量间的内在关系，同时测试所提出的理论模型。分析软件采用 AMOS 7.0。

（一）结构方程概念模型构建

根据文献综述和制度结构、创新意愿、企业技术创新能力之间的关系，提出 4 个竞争模型与假设理论模型进行对比，寻找出最适合本研究的模型，如图 6.1~图 6.4 所示。

竞争模型 W1，即企业内部制度安排和企业外部制度环境直接影响企业技术创新能力模型（见图 6.1）。

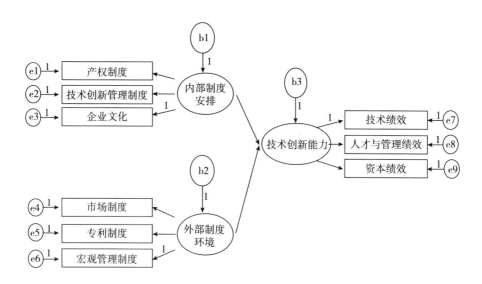

图 6.1　竞争模型 W1

竞争模型 W2，即企业内部制度安排和企业外部制度环境以创新意愿为中介影响企业技术创新能力模型（见图 6.2）。

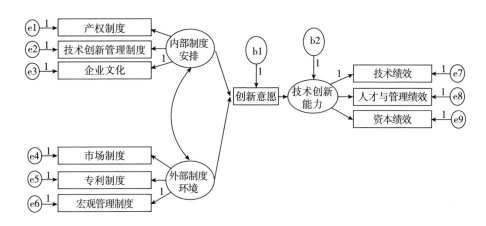

图 6.2　竞争模型 W2

　　竞争模型 W3，即企业内部制度安排和企业外部制度环境通过创新意愿影响企业技术创新能力，企业内部制度安排和企业外部制度环境同时分别对企业技术创新能力产生影响的模型（见图 6.3）。

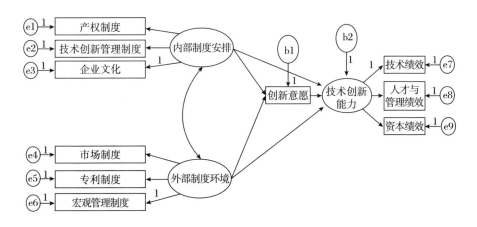

图 6.3　竞争模型 W3

竞争模型 W4，即企业内部制度安排和企业外部制度环境通过创新意愿影响企业技术创新能力，企业内部制度安排和企业外部制度环境同时分别对企业技术创新能力产生影响。在此基础上，企业内部制度安排中的产权制度、技术创新管理制度、企业文化分别对企业技术创新能力的技术绩效、人才与管理绩效、资本绩效产生影响。企业外部制度环境中的市场制度、专利制度、宏观管理制度分别对企业技术创新能力的技术绩效、人才与管理绩效、资本绩效产生影响（见图 6.4）。

利用 AMOS 7.0 软件以最大似然估计法进行模型运算，得出竞争模型拟合指数（见表 6.27）。

表 6.27　竞争模型拟合指数表（标准化）

模型	CMIN	DF	CMIN/DF	CFI	NFI	GFI	RMSEA
W1	18080.222	2912	6.212	0.837	0.807	0.801	0.088
W2	16068.769	2833	5.675	0.818	0.839	0.870	0.090
W3	12188.233	2688	4.537	0.918	0.964	0.922	0.072
W4	15949.930	2829	5.941	0.781	0.806	0.817	0.091

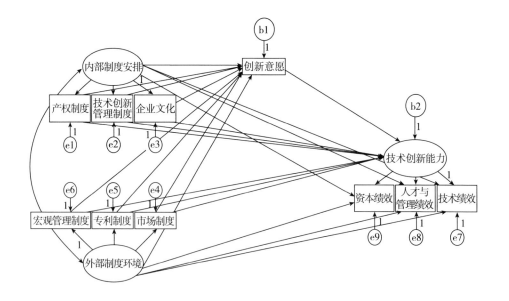

图 6.4　竞争模型 W4

在对 4 个竞争模型的拟合指数进行比较分析后得知：竞争模型 W1、模型 W2、模型 W4 由于 CMIN/DF 超出了 5.0 的范围，其余各项拟合指标也未达标，模型拟合程度不高，因此排除。

竞争模型 W3 的模型拟合指数为 CMIN/DF = 4.537，在 2.0 ~ 5.0；CFI = 0.918>0.9，NFI = 0.964 >0.9，GFI = 0.922 >0.9，近似误差均方根 RMSEA = 0.072<0.09。符合模型拟合成功的各项指标要求，模型拟合成功，因此可以选用。

但是，模型 W3 有一个问题，就是变量间的关系只是一阶到一阶，二阶变量没有体现，而研究假设中又有着诸多的二阶变量。模型 W4 与本研究的假设最为吻合，但因为拟合程度不高，不能选用。因此，对于相关二阶变量采用理论基础上的模型拆分，在调研数据的基础上利用 AMOS 进行回归分析，从而验证二阶变量的相关假设。

通过模型 W3，得到各一阶变量间的 AMOS 运行结果简图（见图 6.5）。

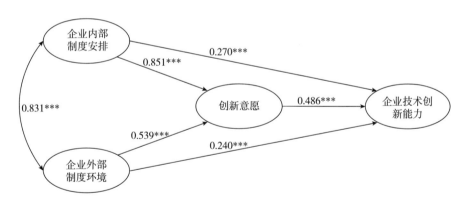

图 6.5　竞争模型 W3 AMOS 运行结果

注：∗∗∗ 表示在 0.01 水平显著。

（二）企业内部制度安排与企业外部制度环境关系假设验证

从表 6.28 的数据可以看出，企业内部制度安排与企业外部制度环境的协方差为 0.526，两者之间的相关系数为 0.831，说明 H1 成立。

表6.28　企业内部制度安排↔企业外部制度环境协方差与相关系数

	估值	S. E.	C. R.	P
协方差	0.526	0.036	14.920	***
相关系数	0.831			

注：***表示在0.01水平显著。

（三）企业内部制度安排与创新意愿关系假设验证

依照理论研究并结合假设，对一阶变量企业内部制度安排进行模型拆分，单独测量其对创新意愿的影响，并结合模型W3的运算结果进行假设检验（见图6.6）。

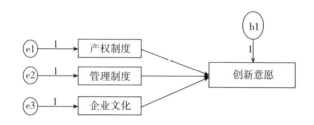

图6.6　企业内部制度安排模型拆分后对创新意愿的影响

由表6.29和表6.30的结果可以看出，企业内部制度安排对创新意愿影响显著，非标准化路径系数为0.805，标准化路径系数为0.851，企业内部制度安排对创新意愿总效应为0.851，正向影响显著，支持H2。产权制度对创新意愿影响显著，非标准化载荷系数为0.447，标准化载荷系数为0.651，总体效应为0.651，支持H2a。技术创新管理制度对创新意愿影响显著，非标准化载荷系数为0.229，标准化载荷系数为0.217，总体效应为0.217，支持H2b。企业文化对创新意愿影响显著，非标准化载荷系数为0.261，标准化载荷系数为0.179，总体效应为0.179，支持H2c。

表6.29　企业内部制度安排对创新意愿影响路径系数/载荷系数估计

路径	非标准化路径系数估计	S. E.	C. R.	P	标准化路径系数估计
创新意愿←企业内部制度安排	0.805	0.049	16.700	***	0.851

续表

路径	非标准化路径系数估计	S. E.	C. R.	P	标准化路径系数估计
创新意愿←产权制度	0.447	0.245	3.601	***	0.651
创新意愿←技术创新管理制度	0.229	0.110	2.082	***	0.217
创新意愿←企业文化	0.261	0.089	2.951	***	0.179

注：*** 表示在 0.01 水平显著。

表 6.30　企业内部制度安排可测变量对创新意愿影响系数

	创新意愿		
	总体效应	直接效应	间接效应
企业内部制度安排	0.851	0.851	0.000
产权制度	0.651	0.651	0.000
技术创新管理制度	0.217	0.217	0.000
企业文化	0.179	0.179	0.000

注：*** 表示在 0.01 水平显著。

综上可知，企业内部制度安排中的产权制度、技术创新管理制度与企业文化对于企业的创新意愿影响显著。归属清晰、权责明确、保护严格、流转顺畅的产权制度是市场经济和相关制度安排的基础。但相当一部分企业家对自己的财产财富缺乏安全感，对企业前途没有稳定的预期，因而创新创业的意愿低落。企业家存在这种担忧，原因是多重的，其中的关键是我国产权保护制度存在的问题亟待解决。企业应在产权明晰、产权主体权责利明晰的前提下强化在技术创新管理制度与企业文化方面的建设，积极提升员工的创新意愿。

由变量间 Pearson 相关系数可知，相关系数全部小于 0.7，因此各变量之间存在多重共线性的可能性不大。这一解释也符合需求层次理论与双因素理论的逻辑，企业的发展、企业是否创新，产权属性更需要细化的产权制度。同时，企业的技术创新管理制度、文化建设对企业的创新有着不可替代的影响。因此，企业可以围绕激发创新意愿和潜能的内部制度设计，寻找激励诱因，调动员工的创新意愿从而产生促进企业创新的实际结果。其中的缘由有待今后更深入的专项研究，以求得到更准确的结论。

（四）企业外部制度环境与创新意愿关系假设验证

依照理论研究并结合假设，对一阶变量企业外部制度环境进行模型拆分，单独测量其对创新意愿的影响，并结合模型 W3 的运算结果进行假设检验（见图6.7）。

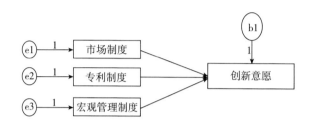

图6.7　企业外部制度环境模型拆分后对创新意愿的影响

从表6.31和表6.32的结果叫以看出，企业外部制度环境对创新意愿影响显著，非标准化路径系数为0.388，标准化路径系数为0.538，总效应为0.538，支持H3。市场制度对创新意愿影响不显著，但呈正相关关系，标准化载荷系数为-0.092，非标准化载荷系数为0.099，直接效应为-0.092，间接效应为0.733，总体效应为0.641，部分支持H3a。专利制度对创新意愿影响显著，非标准化载荷系数为0.232，标准化载荷系数为0.231，直接效应为-0.231，间接效应为0.616，总体效应为0.385，支持H3b。宏观管理制度对于创新意愿影响也显著，非标准化载荷系数为0.229，标准化载荷系数为0.198，直接效应为0.198，间接效应为0.546，总体效应为0.744，支持H3c。由上可知，虽然企业外部制度环境中的市场制度对于创新意愿从路径系数的角度来看呈负相关关系，但是由于存在间接效应的影响，使得总体效应都为正，最终企业外部制度环境对创新意愿呈正向影响，因此，H3 成立。

表6.31　企业外部制度环境对创新意愿影响路径系数/载荷系数估计

路径	非标准化路径系数估计	S. E.	C. R.	P	标准化路径系数估计
创新意愿←企业外部制度环境	0.388	0.033	12.037	***	0.538

续表

路径	非标准化路径系数估计	S. E.	C. R.	P	标准化路径系数估计
创新意愿←市场制度	0.099	0.058	1.717	0.086	-0.092
创新意愿←专利制度	0.232	0.054	4.395	***	-0.231
创新意愿←宏观管理制度	0.229	0.046	4.927	***	0.198

注：＊＊＊表示在 0.01 水平显著。

表 6.32 企业外部制度环境可测变量对创新意愿影响系数

	创新意愿		
	总体效应	直接效应	间接效应
企业外部制度环境	0.538	0.539	0.000
市场制度	0.641	-0.092	0.733
专利制度	0.385	-0.231	0.616
宏观管理制度	0.744	0.198	0.546

注：＊＊＊表示在 0.01 水平显著。

企业外部制度环境中的市场制度对创新意愿产生负向影响的原因，可能的解释是，在当前的市场交易方式越来越强调规范化、流程化的背景下，创新与否与市场制度的建立或变迁关联不大。访谈中除极少数企业的个别人员外，其他被访者都坦陈市场交易制度对其创新与否影响不大，虽然这种选择并不能代表所有人的想法，但是就所分析的样本来说，负向影响的数据分析结果中印证了这一观点。

（五）创新意愿与企业技术创新能力关系假设验证

结合模型 W3 的运算结果对创新意愿与企业技术创新能力之间的关系进行假设检验。

由表 6.33 和表 6.34 的结果可以看出，创新意愿对企业技术创新能力影响显著，非标准化路径系数为 0.415，标准化路径系数为 0.486，创新意愿对企业技术创新能力的总效应为 0.486。因此，H4 成立。当企业的创新意愿强烈时，企业的技术创新动力就强，企业技术创新能力自然易于得到提升。

表 6.33   创新意愿对企业技术创新能力影响路径系数/载荷系数估计

路径	非标准化路径系数估计	S. E.	C. R.	P	标准化路径系数估计
企业技术创新能力←创新意愿	0.415	0.036	11.905	***	0.486

注：*** 表示在 0.01 水平显著。

表 6.34   创新意愿对企业技术创新能力可测变量影响系数

	创新意愿		
	总体效应	直接效应	间接效应
企业技术创新能力	0.486	0.486	0.000

注：*** 表示在 0.01 水平显著。

（六）企业内部制度安排与企业技术创新能力关系假设验证

依照理论研究并结合假设，对一阶变量企业内部制度安排、企业技术创新能力进行模型拆分，测量各二阶因素之间的影响，并结合模型 W3 的运算结果进行假设检验（见图 6.8 和图 6.9）。

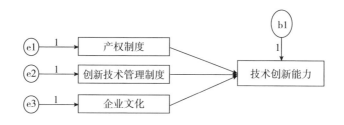

图 6.8   企业内部制度安排模型拆分后对企业技术创新能力的影响

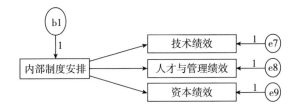

图6.9　企业内部制度安排对企业技术创新能力模型拆分后的影响

由表6.35和表6.36的结果可以看出，企业内部制度安排对企业技术创新能力呈正向影响且影响显著，非标准化路径系数为0.273，标准化路径系数为0.270，企业内部制度安排对企业技术创新能力的总体效应为0.270。因此，H5成立。企业内部制度安排对技术绩效呈正向影响，但不显著，非标准化载荷系数为0.012，标准化载荷系数为0.011，直接效应为0.011，间接效应为0.304，总体效应为0.315，部分支持H5a。企业内部制度安排对人才与管理绩效呈正向影响，但不显著，非标准化载荷系数为0.023，标准化载荷系数为0.021，直接效应为0.021，间接效应为0.249，总体效应为0.270，部分支持H5b。企业内部制度安排对资本绩效影响不显著，非标准化载荷系数为-0.093，标准化载荷系数为-0.109，直接效应为-0.109，间接效应为0.405，总体效应为0.296，部分支持H5c。

表6.35　企业内部制度安排对企业技术创新能力影响路径系数/载荷系数估计

路径	非标准化路径系数估计	S. E.	C. R.	P	标准化路径系数估计
企业技术创新能力←企业内部制度安排	0.273	0.036	7.669	＊＊＊	0.270
企业技术创新能力←产权制度	0.447	0.358	1.952	＊＊＊	0.234
企业技术创新能力←技术创新管理制度	0.183	0.129	1.420	0.157	0.199
企业技术创新能力←企业文化	0.168	0.145	1.166	0.245	0.134
技术绩效←企业内部制度安排	0.012	0.205	0.053	0.959	0.011
人才与管理绩效←企业内部制度安排	0.023	0.180	0.125	0.902	0.021
资本绩效←企业内部制度安排	-0.093	0.211	-0.440	0.662	-0.109

注：＊＊＊表示在0.01水平显著。

表 6.36　企业内部制度安排对企业技术创新能力可测变量影响系数

	企业内部制度安排		
	总体效应	直接效应	间接效应
企业技术创新能力	0.270	0.270	0.000
技术绩效	0.315	0.011	0.304
人才与管理绩效	0.270	0.021	0.249
资本绩效	0.296	−0.109	0.405

企业内部制度安排对于企业技术创新能力的形成有着正向影响作用。但仅靠制度无法给企业带来直接的资本收益，因此不显著。其余的部分支持假设说明现有的企业内部制度安排耦合度不高，并不能够完全有效地促进企业技术创新能力提升，有待进一步完善。

由表 6.35 和表 6.37 的结果可以看出企业内部制度安排中各可测变量对企业技术创新能力的影响。产权制度对企业技术创新能力影响显著，非标准化载荷系数为 0.447，而标准化载荷系数为 0.234，总体效应为 0.234，支持 H5d。技术创新管理制度对企业技术创新能力呈正向影响，但不显著，非标准化载荷系数为 0.183，而标准化载荷系数为 0.199，总体效应为 0.199，部分支持 H5e。企业文化对企业技术创新能力呈正向影响，但不显著，非标准化载荷系数为 0.168，而标准化载荷系数为 0.134，总体效应为 0.134，部分支持 H5f。

访谈中大部分被访者曾认为，在所有因素中，技术创新管理制度对企业技术创新能力影响最大，企业文化次之，产权制度对其企业技术创新能力并不起作用。

表 6.37　企业内部制度安排可测变量对企业技术创新能力影响系数

	企业技术创新能力		
	总体效应	直接效应	间接效应
企业内部制度安排	0.270	0.270	0.000
产权制度	0.234	0.234	0.000
技术创新管理制度	0.199	0.199	0.000
企业文化	0.134	0.134	0.000

对于上述结果可能的分析是，产权制度作为企业管理制度的核心因素之一，对企业创新能力的影响是显而易见的。主要是由于产权明晰便于企业制定发展战略并找寻自己最适合的创新之路。在访谈中，很多企业员工对产权制度的了解不全面，他们一开始仅仅从公有产权、私有产权的角度来理解产权制度，片面地将复杂的产权制度定义在了很小的范围内。在经过对被访者的简单知识普及后，他们才对产权制度有了一定的了解。产权的激励作用对企业技术创新能力有着很大的促进作用，当前国有企业的混改之路不失为一条明智的道路。另外，要创新，必须要有技术创新管理制度、企业文化与产权制度的耦合。耦合的制度能让企业及员工的创新意愿增强、创新动力增加，从而推动企业技术创新能力的提升。

（七）企业外部制度环境与企业技术创新能力关系假设验证

依照理论研究并结合假设验证，对一阶变量企业外部制度环境、企业技术创新能力进行模型拆分，测量各二阶因素之间的影响，并结合模型 W3 的运算结果进行假设检验（见图 6.10 和图 6.11）。

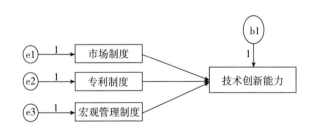

图 6.10　企业外部制度环境模型拆分后对企业技术创新能力的影响

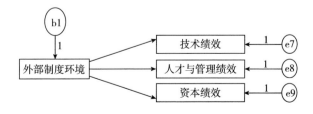

图 6.11　企业外部制度环境对企业技术创新能力模型拆分后的影响

由表 6.38 和表 6.39 的结果可以看出，企业外部制度环境对企业技术创新能力呈正向影响且影响显著，非标准化路径系数为 0.166，标准化路径系数为 0.240，总体效应为 0.240，H6 成立。

表 6.38　企业外部制度环境对企业技术创新能力影响路径系数/载荷系数估计

路径	非标准化路径系数估计	S. E.	C. R.	P	标准化路径系数估计
企业技术创新能力←企业外部制度环境	0.166	0.025	6.743	***	0.240
企业技术创新能力←市场制度	-0.331	0.205	-1.615	0.107	-0.372
企业技术创新能力←专利制度	0.041	0.060	0.674	0.502	0.070
企业技术创新能力←宏观管理制度	0.052	0.071	0.685	0.512	0.081
技术绩效←企业外部制度环境	0.033	0.141	0.228	0.822	0.040
人才与管理绩效←企业外部制度环境	0.044	0.152	0.239	0.833	0.051
资本绩效←企业外部制度环境	-0.007	0.140	-0.045	0.966	-0.010

注：*** 表示在 0.01 水平显著。

表 6.39　企业外部制度环境对企业技术创新能力可测变量影响系数

	企业外部制度环境		
	总体效应	直接效应	间接效应
企业技术创新能力	0.240	0.240	0.000
技术绩效	0.244	0.040	0.204
人才与管理绩效	0.260	0.051	0.209
资本绩效	0.253	-0.010	0.263

企业外部制度环境对技术绩效有正向影响，但不显著，非标准化载荷系数为 0.033，标准化载荷系数为 0.040，直接效应为 0.040，间接效应为 0.204，总体效应为 0.244，部分支持 H6a。企业外部制度环境对人才与管理绩效有正向影响，但不显著，非标准化载荷系数为 0.044，标准化载荷系数为 0.051，直接效应为 0.051，间接效应为 0.209，总体效应为 0.260，部分支持 H6b。企业外部制度环

境对资本绩效影响不显著，并呈反向影响，非标准化载荷系数为-0.007，标准化载荷系数为-0.010，直接效应为-0.010，间接效应为0.263，总体效应为0.253，部分支持H6c。

由表6.38和表6.40的结果可以看出，市场制度对企业技术创新能力影响并不显著，非标准化载荷系数为-0.331，而标准化载荷系数为-0.372，总体效应为-0.372，不支持H6d。专利制度对企业技术创新能力呈正向影响，但不显著，非标准化载荷系数为0.041，而标准化载荷系数为0.070，总体效应为0.070，部分支持H6e。宏观管理制度对企业技术创新能力呈正向影响，但不显著，非标准化载荷系数为0.052，而标准化载荷系数为0.081，总体效应为0.081，部分支持H6f。

在所有因素中，宏观管理制度对企业技术创新能力影响最大，专利制度次之。访谈中大部分被访者认为市场制度对其企业技术创新能力并不起明显作用。

表6.40 企业外部制度环境可测变量对企业技术创新能力影响系数

	企业技术创新能力		
	总体效应	直接效应	间接效应
企业外部制度环境	0.240	0.240	0.000
市场制度	-0.372	-0.372	0.000
专利制度	0.070	0.070	0.000
宏观管理制度	0.081	0.081	0.000

对此假设验证结果的解释是，在企业内部制度安排对创新毫无促进作用或者起反作用时，企业的外部制度环境可以对其进行适当的引导和矫正，促使创新得到企业内部的认同。当前的各项改革或经济建设，都是要激发个体的创新和创造性以及创新创造的积极性，从而通过创新创造来提升发展的质量和效益。从客观的市场环境来观察，各类市场主体在激烈的竞争中仍面临诸多挑战。从政府的角度来看，需要有针对性地制定相关措施，从体制机制上保障各类市场主体充分发挥自主决策、自主经营的积极性、主动性与创造性。要激发个体的活力，就需要多考虑和关注私营企业的诉求，重点是要加强对私营企业产权的保护，指导相关

机构依法甄别纠正社会反映强烈的产权纠纷案件。可以说，建设现代化经济体系、健全社会主义市场经济体制，没有完善的产权保护制度，不依法全面保护各类产权是不行的。只有当产权得到明确的保障时，才有利于增强市场主体创业创新活力和投资意愿。要营造良好的外部制度环境，可以抓住有代表性的案例依法甄别纠正，让企业和公众感受到政府落实保护产权政策的实质性举措，这对于坚定私营企业家群体的信心、改善私营企业家群体的投资预期很有帮助。因为营造公平的竞争环境可以激发市场主体活力，公平竞争是市场机制发挥作用的必要前提。所有企业都渴望拥有稳定、公平、透明、法治化、可预期的营商环境，给各类市场主体"公平感"。可以考虑以实施负面清单制度为突破口，推进服务型政府建设，深化"放管服"改革。此外，人是生产力中最活跃的因素，要调动和保护人的积极性，努力建构一种亲清型的政商关系。党的十九大提出，要激发和保护企业家精神，鼓励更多社会主体投身创新创业。微观主体有活力，不仅要企业有活力，更为关键的是要充分调动各方面干事创业的积极性。要推动构建新型政商关系的微制度创新，细化完善科技成果转化等体制机制，形成让企业家心安、让科技人员心宽、让党政干部心热、让创业人员心动的发展环境。

表 6.41 的数据显示，企业内部制度安排、企业外部制度环境对企业技术创新能力均呈正向影响。其中，企业内部制度安排对企业技术创新能力的总效应为 0.270，企业外部制度环境对企业技术创新能力的总体效应为 0.240，企业内部制度安排对企业技术创新能力的影响稍高于企业外部制度环境对企业技术创新能力的影响。

表 6.41 企业内部制度安排、外部制度环境对企业技术创新能力影响路径系数估计

路径	非标准化路径系数估计	S.E.	C.R.	P	标准化路径系数估计
企业技术创新能力←企业内部制度安排	0.273	0.036	7.669	***	0.270
企业技术创新能力←企业外部制度环境	0.166	0.025	6.743	***	0.240

注：*** 表示在 0.01 水平显著。

（八）创新意愿作为中介变量的验证

中介效应的检验包括三个步骤（见图6.12）。第一步，就自变量到因变量的路径系数进行显著性的验证，显著才可以进行下一步。第二步，着手就自变量到中介变量的路径系数进行显著性的验证，同时还要就中介变量到因变量的路径系数进行显著性的验证。如果都显著，则说明自变量对因变量造成的影响至少有一部分是通过中介变量来传导并实现的，然后就可以进行下一步的验证。[①] 第三步，在通过前面两个步骤验证了中介变量和中介效应存在的情况下，还要判别其中介效应是完全中介还是部分中介。如果自变量直接到因变量的路径系数是显著的，则说明其是部分中介；反之，则是完全中介。

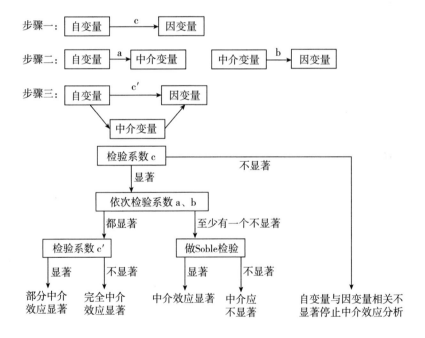

图6.12 中介效应分析验证步骤

根据研究设计，分别进行创新意愿在企业内部制度安排、企业外部制度环境与企业技术创新能力之间的中介效应的显著性验证。

由表6.42可以看出，企业内部制度安排对企业技术创新能力有影响。

表6.42　企业内部制度安排对企业技术创新能力的直接影响路径系数估计

路径	非标准化路径系数估计	S. E.	C. R.	P	标准化路径系数估计
企业技术创新能力←企业内部制度安排	0.270	0.036	7.669	＊＊＊	0.270

注：＊＊＊表示在0.01水平显著。

由表6.43可以看出，加入创新意愿作为中介变量后，两者都显著，说明企业内部制度安排对企业技术创新能力的影响至少有一部分是通过创新意愿这一中介变量来实现的，也就说明创新意愿在企业内部制度安排与企业技术创新能力之间起到了部分中介作用。换言之，在创新意愿存在的前提下，企业内部制度安排对企业技术创新能力的影响部分是通过中介变量创新意愿实现的。

表6.43　以创新意愿为中介的各路径系数估计（一）

路径	非标准化路径系数估计	S. E.	C. R.	P	标准化路径系数估计
创新意愿←企业内部制度安排	0.785	0.049	16.495	＊＊＊	0.716
企业技术创新能力←创新意愿	0.481	0.052	9.340	＊＊＊	0.559
企业技术创新能力←企业内部制度安排	0.092	0.051	1.820	＊＊＊	0.097

注：＊＊＊表示在0.01水平显著。

通过表6.44可以看出，企业外部制度环境对企业技术创新能力影响显著。

表 6.44 企业外部制度环境对企业技术创新能力的直接影响路径系数估计

路径	非标准化路径系数估计	S. E.	C. R.	P	标准化路径系数估计
企业技术创新能力←企业外部制度环境	0.166	0.025	6.743	***	0.240

注：*** 表示在 0.01 水平显著。

从表 6.45 可以看出，加入创新意愿作为中介变量后，两者都显著，说明企业外部制度环境对企业技术创新能力的影响至少有一部分是通过创新意愿这一中介变量来实现的，也就说明创新意愿在企业外部制度环境与企业技术创新能力之间起到了部分中介作用。换言之，在创新意愿存在的前提下，企业外部制度环境对企业技术创新能力的影响部分是通过中介变量创新意愿实现的。

表 6.45 以创新意愿为中介的各路径系数估计（二）

路径	非标准化路径系数估计	S. E.	C. R.	P	标准化路径系数估计
创新意愿←企业外部制度环境	0.468	0.032	15.288	***	0.576
企业技术创新能力←创新意愿	0.453	0.043	10.659	***	0.524
企业技术创新能力←企业外部制度环境	0.042	0.029	1.474	***	0.059

注：*** 表示在 0.01 水平显著。

综上，支持 H7。

（九）研究假设验证汇总

研究假设验证结果汇总如表 6.46 所示。

表 6.46 研究假设验证结果汇总

序号	假设	检验结果
H1	企业内部制度安排与企业外部制度环境之间存在正相关关系	支持
H2	企业内部制度安排正向影响创新意愿	支持

中国西部资源型企业技术创新能力提升研究

续表

序号	假设	检验结果
H2a	产权制度正向影响创新意愿	支持
H2b	技术创新管理制度正向影响创新意愿	支持
H2c	企业文化正向影响创新意愿	支持
H3	企业外部制度环境正向影响创新意愿	支持
H3a	市场制度正向影响创新意愿	部分支持
H3b	专利制度正向影响创新意愿	支持
H3c	宏观管理制度正向影响创新意愿	支持
H4	创新意愿正向影响企业技术创新能力	支持
H5	企业内部制度安排正向影响企业技术创新能力	支持
H5a	企业内部制度安排正向影响企业技术创新的技术绩效	部分支持
H5b	企业内部制度安排正向影响企业技术创新的人才与管理绩效	部分支持
H5c	企业内部制度安排正向影响企业技术创新的资本绩效	部分支持
H5d	产权制度止向影响企业技术创新能力	支持
H5e	技术创新管理制度正向影响企业技术创新能力	部分支持
H5f	企业文化正向影响企业技术创新能力	部分支持
H6	企业外部制度环境正向影响企业技术创新能力	支持
H6a	企业外部制度环境正向影响企业技术创新的技术绩效	部分支持
H6b	企业外部制度环境正向影响企业技术创新的人才与管理绩效	部分支持
H6c	企业外部制度环境正向影响企业技术创新的资本绩效	部分支持
H6d	市场制度正向影响企业技术创新能力	不支持
H6e	专利制度正向影响企业技术创新能力	部分支持
H6f	宏观管理制度正向影响企业技术创新能力	部分支持
H7	创新意愿在企业内部制度安排、企业外部制度环境与企业创新能力之间起中介作用	支持

· 128 ·

第七章　结论和展望

本书研究的是中国西部资源型企业的制度结构对其企业技术创新能力提升的作用机制问题。企业所处的制度结构在很多方面限制着企业的技术创新活动和技术创新能力提升。其限制和影响技术创新能力提升的过程值得进行深入研究，特别是对于资源型企业更有意义。本书基于制度理论、技术创新理论构建了制度结构与资源型企业技术创新能力之间关系的概念模型，并提出创新意愿在制度结构与企业技术创新能力的关系中起着中介作用。

一、主要结论

本书以西部 8 省 109 家资源型企业 327 人的调研数据为样本，从企业内部制度安排、企业外部制度环境两个层面，分产权制度、技术创新管理制度、企业文化、市场制度、专利制度、宏观管理制度 6 个维度进行了实证研究。深入对比制度结构对于企业技术创新能力中的技术绩效、人才与管理绩效、资本绩效的影响差异性，并进行了检验。研究发现，制度结构对资源型企业技术创新能力的提升有正向影响，创新意愿在制度结构和资源型企业技术创新能力提升的正向关系中起到中介作用。从研究结果来看，耦合的制度结构对西部资源型企业技术创新能力提升的影响总体表现为促进作用，它有效提高了企业技术创新能力。例如，制度结构与企业技术创新的技术绩效（专利申请量）、人才与管理绩效（员工创新意愿的激励）均具有显著正相关关系，说明制度耦合能明显提高企业技术创新绩效。据此，本书得出以下结论：

（一）技术创新正成为核心竞争力

创新是引领发展的第一动力，是建设现代化经济体系的战略支撑。改革开放40多年来，中国的创新成果持续涌现，高铁、核电、通信设备成体系走出国门，大飞机、量子通信、海洋工程装备取得重大技术突破。受技术创新红利的激励，企业已成为中国最主要的创新力量，以政府为主导的创新资源配置方式已变为以企业为主导。中国全社会研发支出中有78%来自企业，我国已成为仅次于美国的世界第二大研发经费投入国家。中国首次跻身全球创新25强，是改革驱动创新成效的直接体现。但与我国的经济体量相比，我国的创新能力仍显薄弱，整体创新水平与发达国家还有明显差距，特别是在芯片制造、材料科学、精密仪器研发等领域，因此必须要下大力气来提高社会的整体创新能力，进而提高国家整体创新能力。要提高和增强创新教育的地位和力量，让高层次的教育来推动研发，使之成为创新的主要源泉。同时，要健全以知识产权保护为核心的创新保护体系，让全社会出现一种保护创新、鼓励创新、支持创新、引导创新的风气，使中国经济发展从数量型转变成质量型，使中国经济从依靠"中国制造"向依靠"中国创造"转变。

（二）企业勇于创新源自创新制度结构的日渐清晰

党的十八大提出，要实施创新驱动发展战略，把全社会智慧和力量凝聚到创新发展上来。党的十九大更是确定了加快建设制造强国，加快发展先进制造业的明确目标。当前，我国的创新能力主要有两方面的优势：一方面，创新政策的支持强度已经达到较高水平，在税收、科研、法律等方面都拥有一系列鼓励创新的政策措施；另一方面，公众对创新的认识和创新的意愿已经凝聚为一种社会氛围，只有创新才能更好地推动发展已经成为全社会的共识，崇尚创新、鼓励创新、敢于创新的个人和企业越来越多，创新已成为推动经济持续增长的主要动力源。但是也不得不承认，我们与发达国家和地区的创新能力相比仍有较大差距，需要花时间、下大力气去弥补。首先，在创新体制方面还有较大的改进空间，更多的可实操的具体政策和措施有待制定。人才培养体制特别是高校的人才培养体制、科学研究体制、经费管理体制方面需要能促进创新的改革措施，不断地推进科研成果实用化、应用化工作，建立研究创新能力与政府工作绩效的测评体系。其次，要解决好以企业为主体的技术创新体系问题，以企业为主体并不是说完全由企业来做创新，政府要发挥引导作用，构建科技成果产业化创新链。不积跬步，无以至千里。中国仍然需要持续加大研发投入，从制度设计层面强化对创新的鼓励与支持。

（三）制度创新对资源型企业技术创新能力有着积极正向影响

制度理论认为，企业技术创新行为的实施和能力的提升受制度结构制约和激励，必须在符合制度结构的限制性约束条件的前提下才能发挥或者得到制度的激励。制度结构各要素约束着企业的创新意愿和创新能力提升，特别是技术创新管理制度、企业文化、专利制度、宏观管理制度对企业的创新能力有着更为深刻的影响，同时在制度耦合情况下对企业技术创新能力又有着正向的激励作用。

制度是一个复杂的、宽泛的系统概念，内部制度和外部制度、制度环境与制度安排共同约束经济活动。在创新成为时代主流的当今社会，企业技术创新能力和创新意愿往往被正向的制度结构所激发和提高，同时也被其约束，良好的制度结构对供给侧改革背景下企业创新能力的影响显得更为重要。本书从企业外部制度环境和企业内部制度安排两个层面的产权制度、技术创新管理制度、企业文化、市场制度、专利制度、宏观管理制度 6 个维度，对其影响企业技术创新能力的作用机理进行了研究和验证分析。研究发现，制度结构各要素除市场制度对企业技术创新能力均呈正向影响，说明了企业技术创新能力与制度结构两者之间有密切的相互关系。制度结构的耦合程度越高，对企业技术创新能力的提升就起到越大的激励和促进作用；反之亦然。好的制度结构是提高企业技术创新能力的充要条件。

（四）创新意愿在制度创新与技术创新之间起着显著的中介作用

尽管大量研究证实制度结构对企业技术创新能力提升具有显著的正向影响，但对其作用机理的研究却不多。创新意愿作为一项连接了制度结构与企业技术创新能力关系的桥梁，在企业制度结构和企业技术创新能力之间起着适应性响应作用。制度结构只有与创新意愿匹配才能够产生卓越的企业技术创新能力。

制度结构对于创新意愿有显著影响，企业创新意愿不仅由产业特征和企业资源所驱动，而且是企业面对制度结构的反应，创新意愿受到制度结构影响，制度结构直接影响企业创新意愿的形成与获得以及具体创新过程。不断完善的制度结构唤醒了企业的创新意愿。但是，中国特殊的文化传统，导致经常以人际关系来配置资源和进行资源交换，而对需求或者竞争依赖较低。由此看来，制度结构的质量自然决定了创新意愿的水平。企业技术创新能力的提升，直接来源于创新行为的成功实施。创新意愿是企业创新的动能，反映了企业创新的姿态，直接影响企业技术创新的结果。因此，提振或激发企业的创新意愿，有助于实现和提高企业技术创新能力。

实证研究的结果表明，企业内部制度安排和外部制度环境都对创新意愿起显著的正向影响，创新意愿对企业技术创新能力起显著的正向影响，创新意愿在企业内部制度安排与企业技术创新能力、企业外部制度环境与企业技术创新能力之间起显著的中介作用。这说明制度结构对企业技术创新能力的影响是通过创新意愿产生作用的，即制度结构影响企业的创新意愿，并通过创新意愿影响企业技术创新能力提升。要提升企业技术创新能力，不仅制度结构要耦合，而且要有充足的创新意愿作为实现的路径。

二、研究启示

本书探讨的是制度结构对西部资源型企业技术创新能力的作用机制。经过理论分析和实证研究所得出的结论对理论和实践的发展具有一定的启示。

（一）理论启示

第一，从新的领域对制度结构与企业技术创新能力提升之间的相互关系和作用机理给予了一定的启示。尽管大量研究证实，制度结构对企业技术创新能力提升具有显著的正向影响，但对其作用机理的研究却不多，特别是对西部资源型企业这一特殊范畴进行的探索还很少。以往的研究中，对其中间的中介变量、调节变量所给予的重视不够，很少关注这些变量对于制度结构和企业技术创新能力提升及其相互之间的作用的影响。本书的研究结论表明，在当前的供给侧结构性改革背景下，制度结构通过影响企业创新意愿而作用于资源型企业的技术创新能力。这给关注该领域的研究人员提供了一个参考方向，即研究两者作用机理时可以考虑更多地引入中介和调节因素。

第二，为企业技术创新问题提供了一种解决思路。通过对制度结构理论和技术创新理论的整合，针对不同企业技术创新的差异性（即并不是所有企业的创新都是成功的），提出企业的技术创新行为和能力是制度结构与企业互动的结果。以往的研究中，忽视了创新意愿在其中所扮演的角色，对企业内部机理缺乏深入探讨。本书证实了创新意愿所发挥的重要作用，进一步丰富了制度结构理论假设，揭示了三者间的内在作用机理。企业管理是一个复杂的系统，不能依靠某种单一的理论或视角作为指导或参照，必须拥有足够的发散性思维和系统集成、协调创新的理念，多理论、多思路、多视角综合考虑，这也启示我们可以用其他理论来拓展制度结构理论在技术创新、企业创新研究中的应用。

（二）实践启示

本研究不仅具有一定的理论启示，而且为企业的发展提供了一定的实践启示。

第一，企业应高度重视制度结构的影响。一方面，企业要加强对内部制度安排的健全与完善，提高内部管理、激励、制约的水平和效率，促进企业技术创新能力提升，进而通过创新获取更大的经济和社会收益。另一方面，企业要加强对外部制度环境的理解和把握，把握创新的政策，主动适应外部创新的氛围，积极利用外部制度环境，发掘其中对企业发展有利的关键点和契合点，使其为企业的创新行为和技术创新能力提升服务。内外结合、内外并举，不断把企业技术创新能力的提升和企业技术创新制度结构的完善引向深入，为企业的改革发展带来新的动能，将企业带入良性发展的循环中。此外，企业还要用发展的眼光来看待制度结构的规则，要有制度创新的思维和勇气，积极预见制度结构的未来发展，提早进行研判甚至发挥主动性去影响制度的变化。

第二，企业要坚持需求导向，紧扣发展战略和转型升级的重大需求，着眼提升竞争力，注重前瞻性、战略性的应用研究，加强技术储备，推动企业实现可持续发展。要积极把握和落实国家及各地方政府加强企业技术创新的政策措施，主动承担各类科技计划。符合政策的可以向政府或第三方组织申请技术创新的支持款项，增加资源的利用效率以激发自身创新潜力；也可以围绕产业技术创新需求，组建企业间或政校企间的实体型产业技术研究院，提高技术创新能力；还可以在税收制度方面挖掘资源潜力，积极争取政府对研发费用加计扣除、技术企业税收优惠、固定资产加速折旧等的优惠政策，加大研发经费投入之源，增强企业创新的内生动力。

第三，企业应加强科技创新战略规划管理，建立健全内部研发体系，建立企业主导、院校协作、多元投资、军民融合、成果分享的协同创新发展模式，促进技术创新成果向现实生产力转化。同时，提高知识产权工作水平，研究制定知识产权保护措施，强化内部管理，防止企业商业秘密、核心技术泄露。提升人才队伍建设水平，完善技术创新人才评价、选拔、培养、使用和激励机制。促进科技成果转化，建立以企业为主体的科技创新成果转化机制，推动企业与科研院所、高校联合建立科技成果转化基地，实现重大科技成果产业化。加大自主知识产权成果转化及新产品开发力度。立足现有企业和产业基础，以新产品开发为重点，把发挥资源优势与延伸产业链有机结合，大力促进新技术、新产品和新业态的发展，推动产业、产品、管理、品牌和商业模式全面升级。推动企业创新文化建设，鼓励自发性技术革新和技术发明，调动员工积极性，群策群力解决生产中的技术难题。

总之，企业的发展不仅要有耦合的制度结构，还要有全方位的耦合创新系统，包括企业自身与企业外部的政府，高效率的制度结构带来高效率的创新效率，将为企业带来高效率的利润回报，最终促进全社会持续、稳定、健康发展。

三、研究局限及展望

(一) 研究局限

在强调研究所取得成果的同时，必须要直面研究的局限。

第一，变量测量的局限。本书对各变量的测量均采用成熟量表，创新意愿的量表参照国外量表。虽然这些量表被证实有较好的信度和效度，但仍是基于泛性企业情境所开发的，应用于西部资源型企业研究有一定的缺陷。特别是对于制度结构的测量，尽管采用的量表从企业内部制度安排、企业外部制度环境两个层面的产权制度、技术创新管理制度、企业文化、市场制度、专利制度、宏观管理制度6个维度进行设置，但是对于制度结构的复杂性和交叉性特征体现仍不充分和不完备。

第二，样本的局限。本书未充分考虑样本可能存在的选择性误差。研究基于制度结构对企业产生随机影响的假设，但在实践中，制度对企业的影响具有选择性，即凡是具有技术创新能力的企业均是有自发创新意愿的，有可能存在内生性问题，影响实证结果的精度。若要在研究中矫正样本可能存在的选择性误差对结果的影响，需要在实证中增加对照组进行比较，即选择与实证样本规模、发展阶段、行业相似的无技术创新能力的企业作为对照组，才有可能消除样本中可能存在的选择性误差，但现实难以实现这样的对照处理。并且，样本范围局限于云南、贵州、四川、甘肃、内蒙古、重庆、陕西、广西8省份，未来的研究应该选取更多的企业进行大样本分析。

第三，本书构建了制度结构影响西部资源型企业技术创新能力提升的结构方程模型，限于数据的可获得性，只对技术绩效、人才与管理绩效、资本绩效受到的影响进行了实证研究，而没有对其两两之间的传导路径进行实证检验（传导路径中涉及较多的中间变量，缺乏相关的统计数据）。

（二）研究展望

根据研究不足，进一步的研究需要做的思考如下：

第一，拓展制度结构的作用机制研究。本研究只从制度结构与因变量以及与因变量之间的中介变量的作用机理的角度进行，且只是初步的探索，并未将自变量之间的相互作用铺展开来，没有很好地体现制度结构的系统性和复杂性。对自变量之间的作用机理解释也有限，未来的研究可以尝试将制度结构中各要素的作用机理作为研究对象，这更符合制度结构理论研究的深度和广度。

第二，研究创新意愿等中介变量在其间的作用。本书仅对创新意愿这一一阶变量进行了研究，创新意愿可以拓展出很多二阶变量。未来的研究应该探索更多的企业创新意愿要素以及更多制度结构与企业技术创新能力之间的中介要素。

第三，研究制度结构的内生性问题。充分考虑制度影响企业技术创新能力提升，特别是政府政策影响企业技术创新能力提升的选择性偏见和内生性可能，增加没有享受任何政府鼓励技术创新政策的相似企业作为对照组，采用工具变量法、倾向记分匹配模型等最新前沿方法，研究制度结构对不同规模企业、不同行业企业的影响效应。

第四，研究制度结构的最优强度问题。既然制度结构对企业研发投入存在是引致效应还是挤出效应的争论，那么关于最优资助强度的适度临界区间的研究就显得很有意义。未来可以采用门槛回归等分析方法对这一问题进行进一步的探讨。

参考文献

［1］ Ajzen, Fishbein, M. （1980）. Understanding attitudes and predicting social behavior. Englewood Cliffs, NJ： Prentice-Hall.

［2］ Alston, L. J. （1992）. Institutional change and economic performance： Douglass C. North. Journal of Economic Behavior & Organization, （6）.

［3］ Atuahene-Gima, K. , & Murray, J. Y. （2007）. Exploratory and exploitative learning in new product development： A social capital perspective on new technology ventures in China. Journal of International Marketing, 15 （2）.

［4］ Ayres, C. E. （1961）. Toward a reasonable society： The values of industrial civilization. Austin： University of Texas Press.

［5］ Azjen, I. （1980）. Understanding attitudes and predicting social behavior. Englewood Cliffs, NJ： Prentice-Hall.

［6］ Bandura, A. （1977）. Self-efficacy： Toward a unifying theory of behavioral change. Psychological Review, 84 （2）.

［7］ Barker III, V. L. , & Duhaime, I. M. （1997）. Strategic change in the turnaround process： Theory and empirical evidence. Strategic Management Journal, 18 （1）, 13-38.

［8］ Barton, D. L. （1992）. Core capability and core rigidities： A paradox in managing new product development. Strategic Management Journal, 13 （S1）.

［9］ Buesa, M. , & Heijs, J. （2006）. Regional systems of innovation and the knowledge production functionahe Spanish case. Technovation, 26 （4）.

［10］Burgelman, R. A. , Maidique, M. A. , & Wheelwright, S. C. (1996) . Strategic management of technology and innovation . Chicago: Irwin, (2) .

［11］Carmeli, A. , Meitar, R. , & Weisberg, J. (2006) . Self – leadership skills and innovative behavior at work. International Journal of Manpower, (1) .

［12］Castela, B. M. S. , Ferreira, F. A. F. , Ferreira, J. J. M. , Mar – ques, C. S. E. (2018) . Assessing the innovation capability of small–and medium–sized enterprises using a non–para–metric and integrative approach. Management Decision, 56 (6) .

［13］Choi, K. H. , Kwak, S. I. , & Kim, S. W. (2006) . A dynamic analysis of technological innovation using system dynamics. Korean Management Science Review, 23 (1) .

［14］Coppola, A. , & Pascucci, S. (2007) . The role of innovations in the competitive strategies of Italian agri–food enterprises (No. 1016–2016–81573) .

［15］D'Este, P. (2002) . The distinctive patterns of capabilities accumulation and inter–firm heterogeneity: The case of the Spanish pharmaceutical industry. Industrial and Corporate Change, 11 (4) .

［16］European Union. European Innovation scoreboard 2017. [2017– 11 – 29] . http: //europa. eu/geninfo/query/index. do? queryText = European+innovation+ scoreboard+2017&summary = summary&more_ options_ source = global & more_ options_ date = * &more_ options_ date_ from = &more_ options_ date_ to = &more_ options_ lan – guage = en&more_ options_f_ formats =. pdf&swlang = en.

［17］Fosfuri, A. , & Tribó, J. A. (2008) . Exploring the antecedents of potential absorptive capacity and its impact on innovation performance. Omega, 36 (2) .

［18］Freeman, C. (1982) . The economics of industrial innovation. The MIT Press, (8) .

［19］Furubotn, E. G. , & Pejovich, S. (1972) . Property rights and economic theory: A survey of recent literature. Journal of Economic Literature, 10 (4) .

［20］García–Muiña, F. E. , Pelechano–Barahona, E. , & Navas–López, J. E. (2009) . Knowledge codification and technological innovation success: Empirical evidence from spanish biotech companies. Technological Forecasting and Social Change, 76 (1).

[21] Gnyawali, D. R., & Park, B. J. (2009). Co-opetition and technological innovation in small and medium-sized enterprises: A multilevel conceptual model. Journal of Small Business Management, 47 (3).

[22] Haned, N., Le Bas, C., Mothe, C., & Nguyen, U. (2012). Firm technological innovation persistence: Organizational innovation matters. GATE Groupe d'Analyse et de Théorie Economique-WP, 1218.

[23] Jin, Nam, Choi. (2004). Individual and contextual predictors of creative performance: The mediating role of psychological processes. Creativity Research Journal, 16 (2).

[24] Kotter, John P., & Heskett, James L. (1992). Corporate Culture and Performance, New York: The Free Press.

[25] Leiblein, M. J., & Madsen, T. L. (2009). Unbundling competitive heterogeneity: Incentive structures and capability influences on technological innovation. Strategic Management Journal, 30 (7).

[26] Leonard-Barton, D. (1992). Core capabilities and core rigidities: A paradox in managing new product development. Strategic Management Journal, 13 (S1).

[27] Lundvall. (1985). Product innovation and user-producer interaction. Industrial Development Research Series, Vol 31 Aalborg, Aalborg University Press.

[28] Nelson, R. R. (1986). Insittutions supporting technical advance in industry. The American Economic Review, 76 (2).

[29] North, D. C., Thomas, R. (1973). The rise of the western world: A new economic history. Cambridge: Cambridge University Press.

[30] Ouchi, W. G. (1981). Organizational paradigms: A commentary on Japanese management and Theory Z organizations. Organizational Dynamics, 9 (4).

[31] Sherriton, J. C., & Stern, J. L. (1997). Corporate culture, team culture: Removing the hidden barriers to team success. American Management Association.

［32］Sopkova, E., & Kostiviarova, S. （2009）. Evaluation of innovation activities of small and medium-sized businesses in slovak republic. Perspectives of Innovations, Economics and Business, （3）.

［33］Terziovski, M., Samson, D., Glassop, L. （2001）. Creating core competence through the management of organizational innovation. Copyright：Foundation for Sustainable Economic Development, Melbourne, Australia.

［34］Wang, C. L., & Ahmed, P. K. （2004）. The development and validation of the organisational innovativeness construct using confirmatory factor analysis. European Journal of Innovation Management.

［35］Yam, R. C., Lo, W., Tang, E. P., & Lau, A. K. （2011）. Analysis of sources of innovation, technological innovation capabilities, and performance：An empirical study of Hong Kong manufacturing industries. Research Policy, 40 （3）.

［36］敖宏，邓超.（2008）.全球化大背景下我国资源型企业发展战略的完善——以中国铝业公司为例.中央财经大学学报，（10）.

［37］边燕华.（1991）.国外关于技术创新过程的研究.国外科技政策与管理，（1）.

［38］察志敏，杜希双，关晓静.（2004）.我国工业企业技术创新能力评价方法及实证研究.统计研究，（3）.

［39］陈劲，毛维青，余利舰.（2012）.产品—工艺组合技术创新能力提升评价指标体系研究.科技进步与对策，（9）.

［40］陈燕，邓旭.（2003）.西方企业文化研究概览.公关世界，（3）.

［41］陈泽明，付红玲.（2015）.资源型企业创新能力评价.北京：科学出版社.

［42］崔总合，杨梅.（2012）.企业技术创新能力提升评价指标体系构建研究.科技进步与对策，（7）.

［43］戴维斯，诺思.（1994）.制度变迁的理论：概念与原因//财产权利与制度变迁.上海：上海三联书店.

［44］董静.（2004）.企业创新的制度设计.上海：上海财经大学出版社.

［45］段云龙.（2008）.企业持续性技术创新实现的制度结构作用机理研

究.昆明理工大学博士学位论文.

[46] 段云龙.（2010）.基于制度结构的企业持续创新实现模型研究.技术与创新管理,（2）.

[47] 段云龙.（2010）.基于制度结构的企业持续技术创新能力评价与应用.统计与决策,（5）.

[48] 凡勃仑.（1964）.有闲阶级论.北京：商务印书馆.

[49] 樊纲.（1993）.两种改革成本与两种改革方式.经济研究,（1）.

[50] 符栋良.（2017）.技术创新补贴与税收优惠政策对关联企业技术创新的影响研究.上海交通大学博士学位论文.

[51] 傅家骥.（1992）.技术创新——中国企业发展之路.北京：企业管理出版社.

[52] 傅家骥.（2000）.技术创新学.北京：清华大学出版社.

[53] 高辉.（2017）.中国情境下的制度环境与企业创新绩效关系研究.吉林大学博士学位论文.

[54] 高建.（2012）.关于加速培育发展我国新能源储能的思路建议.中国科技投资,（18）.

[55] 顾巍.（2005）.论制度创新、管理创新、技术创新的关系及其启示.经济师杂志,（4）.

[56] 郭峰.（2012）.创新能力开发与应用.北京：科学出版社.

[57] 郭晓川.（2001）.合作技术创新.北京：经济管理出版社.

[58] 国家信息中心.国际创新指数研究历程与代表性指数介绍.［2018-06-23］.http：//www.sic.gov.cn/News/459/8533.htm.

[59] 韩超群.（2012）.知识溢出视角的高技术服务业技术创新能力提升评价研究.情报杂志,（7）.

[60] 韩飞,许政.（2012）.互动导向、创新意愿与创新能力.税务与经济,（3）.

[61] 何丰.（2004）.制度变迁中的企业创新研究.上海：上海大学出版社.

[62] 贺培育.（2004）.制度学：走向文明与理性的必然审视.长沙：湖

南人民出版社．

［63］胡婉丽．（2013）．知识型雇员创新行为意愿测量工具研究：量表开发、提炼与检验．科技进步与对策，30（1）．

［64］胡哲一．（1992）．技术创新的概念与定义．科学学与科学技术管理，（2）．

［65］黄娟．（2005）．资源型企业构建可持续发展战略理论研究．湖北社会科学，（7）．

［66］贾宇．（2012）．资源整合提升中小企业技术创新能力的对策研究．知识经济，（10）．

［67］蒋富．（2012）．基于因子分析的大连装备制造业技术创新能力提升评价．大连交通大学学报，（1）．

［68］康芒斯．（1962）．制度经济学．北京：商务印书馆．

［69］柯武刚，史漫飞．（2000）．制度经济学．北京：商务印书馆．

［70］科斯．（1994）．财产权利与制度变迁．上海：上海三联书店．

［71］蒯正明．（2010）．制度系统的构成、层次架构与有效运作．南都学坛（人文社会科学学报），（11）．

［72］李浩，韩维．（2012）．大型企业集团创新能力评价指标体系．北京：知识产权出版社．

［73］李怀，时晓虹．（2014）．制度网络结构及其效应研究——兼论中国产业政策的结构特征及改革启示．产业组织评论，（3）．

［74］李萍．（2016）．农业科技企业技术创新能力形成机理及路径选择研究．中国农业大学博士学位论文．

［75］李素英，王贝贝，冯雯．（2017）．基于 AHP-BP 的科技型中小企业创新能力评价研究——以京津冀创业板上市公司数据为样本．会计之友，（24）．

［76］李玉虹．（2001）．互动：技术创新与制度创新关系的理论比较．经济学家，（1）．

［77］林艳，王茜．（2012）．提升太原风电装备制造业技术创新能力的对策研究．技术创新与生产力，（7）．

［78］林毅夫，刘培林．（2001）．自生能力与国企改革．经济研究，（9）．

［79］林毅夫．（1994）．关于制度变迁的经济学理论//载科斯等．财产权利与制度变迁．上海：上海三联书店．

［80］刘惠琴，张德．（2010）．资源型企业技术创新贡献度评价研究．中南大学博士学位论文．

［81］刘利平，江玉庆，李金生．（2017）．基于组合赋权法的企业技术创新能力评价．统计与决策，（13）．

［82］刘书楷．（1989）．农业资源经济学．成都：西南财经大学出版社．

［83］柳卸林，陈傲．（2012）．中国区域创新能力报告2011：区域创新与我国新能源储能发展．北京：科学出版社．

［84］柳卸林．（1993）．技术创新经济学．北京：中国经济出版社．

［85］吕剑龙．（2002）．效率原则下的企业制度创新体系研究．西北大学博士学位论文．

［86］吕君．（2020）．企业绿色创新意愿演化机理及激励策略研究．山东科技大学博士学位论文．

［87］骆大进，田龙伟，李垣．（2017）．企业创新能力体系——十力模型的构建与作用机理．中国科技论坛，（11）．

［88］诺思．（1994）．制度、制度变迁与经济绩效．上海：上海三联书店．

［89］青木昌彦．（2001）．比较制度分析．上海：上海远东出版社．

［90］曲福田．（2001）．资源经济学（第一版）．北京：中国农业出版社．

［91］时晓虹．（2014）．基于网络视角的制度结构及制度变迁主体研究．东北财经大学博士学位论文．

［92］舒尔茨．（1994）．制度与人的经济价值的不断提高：财产权利与制度变迁．上海：上海三联书店．

［93］疏礼兵．（2012）．企业研发团队内部技术知识转移的过程机理与途径研究．管理学报，（9）．

［94］宋彩平，李承洋．（2012）．企业技术创新能力的多层次灰色模糊组合评价．北方经贸，（4）．

［95］宋智勇．（2003）．论制度结构和制度均衡．河北经贸大学学报，（4）．

［96］苏敬勤，耿艳．（2014）．政策作用下创新意愿转化为创新行为的机

理研究．科学学与科学技术管理，（5）．

［97］王大洲．（2001）．技术创新与制度结构．长春：东北大学出版社．

［98］王大洲．（2001）．企业技术创新与制度创新的互动制度研究．自然辩证法通讯，（1）．

［99］王锋正．（2007）．生态经济视角下西部资源型企业自主创新能力的培育机理研究．内蒙古大学博士学位论文．

［100］王海山．（1993）．技术进步经济学．大连：大连理工大学出版社．

［101］王海山．（2008）．创新创造能力训练．北京：中国经济出版社．

［102］王胜兰，魏凤，牟乾辉．（2021）．企业技术创新能力评价新方法的研究．运筹与管理，（6）．

［103］王涛生．（2013）．制度创新影响国际贸易竞争优势的机理、模型与实证研究．湖南大学博士学位论文．

［104］王铁军．（2010）．新疆资源型企业创新能力研究．科技信息，（6）．

［105］魏江．（2011）．技术创新支撑体系研究．吉林大学博士学位论文．

［106］吴敬琏．（1999）．制度重于技术——论发展我国高新技术产业．经济社会体制比较，（5）．

［107］吴敬琏．（2002）．制度重于技术．北京：中国发展出版社．

［108］吴友军，吕小柏．（2012）．高新区创新能力评价指标体系构建——基于武汉东湖高新区的分析．科技情报开发与经济，（24）．

［109］向刚．（2006）．企业持续创新．北京：科学出版社．

［110］谢洪明．（2012）．河南省中小企业技术创新能力评价指标的构建．中原工学院学报，（3）．

［111］许邦国，朱慧．（2012）．专利制度与经济增长关系的实证研究——基于专利制度测量指标体系的协整分析与因果检验//2012年度（第十届）中国法经济学论坛论文集．

［112］杨晶照，杨东涛，赵顺娣．（2011）．"我是"、"我能"、"我愿"：员工创新心理因素与员工创新的关系研究．科学学与科学技术管理，32（4）．

［113］杨连生．（2012）．产品—工艺组合技术创新能力评价指标体系研究．科技进步与对策，（9）．

［114］杨梦源，段云龙，许跃辉．（2014）．企业持续创新的制度结构：理论基础、概念、类型及作用机理．企业经济，50（9）．

［115］姚伟．（2010）．论后现代社会的制度结构与实践逻辑．理论与现代化，（1）．

［116］尹晓波．（2011）．工业企业技术创新能力评价与波动性研究．东北石油大学博士学位论文．

［117］于长宏．（2019）．基于企业技术能力的产学研合作创新模式选择研究．大连理工大学博士学位论文．

［118］袁庆明．（2003）．技术创新的制度结构分析．北京：经济管理出版社．

［119］张超．（2012）．组织氛围、主管支持感与公务员创新意愿关系的实证研究．西南财经大学博士学位论文．

［120］张凤武．（2002）．煤炭企业科技进步系统及其评价研究．辽宁工程技术大学博士学位论文．

［121］张复明．（2007）．资源型经济：理论解释、内在机制与应用研究．山西大学博士学位论文．

［122］张文博．（2005）．绿色技术创新制度及结构设计．大连理工大学硕士学位论文．

［123］张旭昆．（2002）．制度的定义与分类．浙江社会科学，（6）．

［124］赵斌，来虹，李新建．（2013）．科技人员创新行为产生机理研究：基于计划行为理论．科学学研究，31（2）．

［125］赵丰义．（2010）．我国装备制造业技术创新路径优化研究．辽宁大学博士学位论文．

［126］赵会霞．（2009）．企业知识管理对企业创新的影响研究．西安电子科技大学博士学位论文．

［127］赵林海．（2012）．全面创新管理视角下企业技术创新能力提升成长模型．技术经济，（7）．

［128］郑成功，朱祖平．（2012）．广东省区域技术创新能力测度的灰色关联分析．地理科学，（5）．

［129］郑春东，和金生，陈通．（1999）．企业技术创新能力评价研究．中国软科学，（10）．

［130］郑晓红．（2013）．知识产权保护对企业跨国经营的影响效应研究．湖南大学博士学位论文．

［131］中共中央马克思恩格斯列宁斯大林著作编译局．（1995）．马克思恩格斯选集（第四卷）．北京：人民出版社．

［132］中国矿业大学企业技术创新能力评价指标体系研究课题组．（2006）．企业技术创新能力评价指标体系研究．全球科技经济瞭望，（6）．

［133］中华人民共和国科学技术部．中国企业创新能力评价报告 2016.［2018－07－26］．http：//www.most.gov.cn/cx－dc/cxdcpjbg/201710/P020171027318072814519.pdf.

［134］邹爱其．（2012）．银行产品工厂——创新能力评价解析．北京：中国金融出版社．

附录　企业创新的制度结构与创新能力调查问卷

第一部分　基本信息

1. 您的性别：

A. 男　　　　　　　B. 女

2. 您的年龄：

A. 22~30 岁　　　B. 31~40 岁　　　C. 41~50 岁　　　D. 51 岁及以上

3. 您的文化程度：

A. 大专以下　　　B. 大专　　　　　C. 大学本科　　　D. 硕士及以上

4. 民族：

A. 汉族　　　　　　　　　　　B. 少数民族

5. 您的工作类别：

A. 管理人员　　　　　　　　　B. 技术人员

6. 年收入：

A. 10 万元以下　　　B. 10 万~20 万元　　　C. 20 万~30 万元

D. 30 万~50 万元　　　E. 50 万~100 万元　　　F. 100 万元以上

第二部分　制度结构

下面的题项，请您根据自己所了解的实际情况，按照每项陈述的吻合程度打钩，不要进行反复推敲，根据第一感觉填写便可。从"完全不符合"到"完全符合"5个不同级别的吻合程度分别用分数1~5来表示。不同分数的含义如下：1为完全不符合；2为有些不符合；3为说不清；4为有些符合；5为完全符合。

序号	项目	完全不符合				完全符合
		1	2	3	4	5
1	产权制度运行有效					
2	产权制度的激励机制提供了有效的激励					
3	产权约束机制对产权侵害行为提供了有效约束					
4	股东的权利与义务被很好地界定					
5	委托代理的权、责、利关系明晰					
6	交易者合法权益的保护程度好					
7	产权制度的实施机制有效					
8	产权主体的权益依法实现					
9	产权契约的履行程度好					
10	企业内部的制度对其持续提高竞争力有帮助					
11	企业内部的制度的激励和约束有效					
12	激励对管理者很有效					
13	劳动者能被有效激励					
14	股东的价值被有效率地管理					
15	生产激励机制确实有效					
16	全员劳动生产率高					
17	劳动生产增长率高					
18	研发制度对研发者提供了有效激励					

续表

序号	项目	完全不符合 ⬅➡ 完全符合				
		1	2	3	4	5
19	R&D 投入占总支出的比重高					
20	三项专利批准数占研发投入的比例高					
21	人均创新率高					
22	总成本能有效控制					
23	劳动力成本高					
24	企业支持通过实验和原始路径来解决问题					
25	企业强调设计独有的新的生产过程和方法					
26	企业倾向于采取大胆而冒险的决策					
27	企业管理团队更偏好可能获得高回报的高风险项目					
28	企业倾向于采取积极行动来迅速地抓住机会而非守旧					
29	企业倾向于成为目标市场的施行者					
30	法律体系在市场交易方面健全					
31	促进公平竞争和商业运营的交易法规有效					
32	交易成本能有效控制					
33	能有效提高交易的效率					
34	能有效控制企业内部的交易成本					
35	企业总成本中企业内部交易成本占比高					
36	市场交易成本能有效控制					
37	通信、运输及仓储费用占总成本的比重小					
38	广告费用占总成本的比重小					
39	版权盗用程度高					
40	产权保护程度高					
41	物质产权保护程度高					
42	知识产权保护程度高					
43	专利执法强度高					
44	专利保护强度高					
45	专利激励强度高					
46	财政对基础设施建设的支持满足经济发展的需要					
47	财政对教育与科技研发的投入适应经济发展的需要					
48	财政政策对产业发展的支持程度高					

续表

序号	项目	完全不符合 ⟵⟶ 完全符合				
		1	2	3	4	5
49	企业容易从银行获得信贷					
50	金融机构为企业提供了足够的融资					
51	风险资本能为企业创新与发展提供便利					
52	金融机构的透明度在当地经济中广泛达成					
53	产业制度安排有利于投资便利化					
54	产业立法有利于公平竞争					
55	私营企业在重点产业投资中享受同等待遇					
56	劳动立法会阻碍企业经营活动					
57	失业立法可对寻找工作提供支持					
58	公平分配成为当地政府优先关注的事项					
59	廉政法规体系的健全程度好					
60	廉政机制对官僚腐败的治理力度好					
61	政府的廉洁程度好					
62	政府行政的效率与透明程度好					
63	政府对企业的干预程度低					

第三部分　企业技术创新能力

　　下面的题项，请您根据自己所了解的实际情况，按照每项陈述的吻合程度打钩，不要进行反复推敲，根据第一感觉填写便可。从"完全不符合"到"完全符合"5个不同级别的吻合程度分别用分数1~5来表示。不同分数的含义如下：1为完全不符合；2为有些不符合；3为说不清；4为有些符合；5为完全符合。

序号	项目	完全不符合 ⟵⟶ 完全符合				
		1	2	3	4	5
64	专利及科技成果相对数多					
65	获奖成果相对数多					
66	千人研发人员拥有专利数量多					
67	千人研发人员拥有论文数量多					
68	企业科技机构相对数多					
69	企业仪器设备采购强度高					
70	企业 R&D 项目相对数多					
71	理论与技术导入能力（新聘员工培训时间）短					
72	工艺技术手段完备情况良好					
73	自动化生产水平（生产线员工比重）高					
74	企业创新激励机制建设水平（研发人员劳务支出比重）高					
75	企业创新目标的清晰程度（新产品研发成功率）高					
76	科技体系与创新载体情况（负责创新的部门或机构经费比重）高					
77	管理人员拥有创新意识					
78	企业工程技术人员在企业人员队伍中占比高					
79	企业科技活动人员在企业人员队伍中占比高					
80	员工培训和学习频度高					
81	研发人员的年总收入增长率高					
82	员工的信息技术水平高					
83	研发人员观念素质（硕士学历人员比重）高					
84	研发人员忠诚度（年离职率，反向指标）高					
85	员工满意度（年收入增长率）高					
86	研发人员晋升制度的完善程度（管理层人员由企业自身培养的研发人员比重）高					
87	企业研发经费支出比率高					
88	资本创新效率（专利产出效率）高					
89	研发人员投入比重高					
90	研发设备投入比重高					
91	外部科研经费筹集能力强					

第四部分　创新意愿

下面的题项，请您根据自己所了解的实际情况，按照每项陈述的吻合程度打钩，不要进行反复推敲，根据第一感觉填写便可。从"完全不符合"到"完全符合"5个不同级别的吻合程度分别用分数1~5来表示。不同分数的含义如下：1为完全不符合；2为有些不符合，3为说不清；4为有些符合；5为完全符合。

序号	项目	完全不符合　　　　　完全符合				
		1	2	3	4	5
92	技术进步驱使企业推出新产品/新技术					
93	技术进步驱使企业思考新的商业模式和管理模式					
94	竞争对手抢夺消费者					
95	竞争对手争夺利润					
96	消费者不满足于现有产品和服务					
97	消费者经常会有新的需求，产品周期变得更短					
98	要跟上新产品发展的脚步					
99	本人拥有创新意愿					
100	本人拥有创新行为					